N° 2

L'Empire russe
jusqu'à Nicolas II

PAR

M. Ch. SEIGNOBOS

DOCTEUR ÈS-LETTRES

PROFESSEUR ADJOINT A LA FACULTÉ DES LETTRES DE PARIS

．．．

CETTE BROCHURE
NE DOIT PAS ÊTRE MISE EN VENTE

．．．

Au Siège de la Société :

24, Rue Dauphine. — PARIS (6ᵉ)

AOUT 1905

L'Empire russe jusqu'à Nicolas II [1]

I. — Origine de l'Empire russe.

1. Les grandes plaines de l'Europe orientale, depuis l'Oder jusqu'à l'Oural, étaient habitées dès le commencement du moyen âge par des peuples slaves. Les Slaves sont une race blanche de même souche que les peuples de l'Europe, leur langue est d'origine aryenne comme le latin, le grec et l'allemand. Cette race slave, la plus nombreuse de toutes nos races occidentales, se divisait en plusieurs nations: à l'Ouest les Polonais et les Tchèques de Bohème; au Sud les Croates, les Serbes, les Bulgares établis dans l'Empire byzantin.

2. Les Slaves de l'Est étaient, jusqu'au IXᵉ siècle, restés divisés en tribus. Ils cultivaient la terre et vivaient réunis par villages dans des maisons de bois; leurs villes n'étaient que des enceintes entourées d'un mur de terre et d'un fossé, et où l'on se réfugiait en temps de guerre. — Ce furent des guerriers northmans venus de Suède qui réunirent ces tribus en une nation: on l'appela la nation *russe* du nom du pays d'où sortaient ses chefs. Les princes russes organisèrent une armée, se convertirent à la religion chrétienne grecque et firent baptiser leurs sujets. La Russie devint ainsi au XIᵉ siècle un pays chrétien orthodoxe rallié à l'Église de Constantinople. Cette vieille Russie comprenait le pays des lacs et la région du Dniéper, c'est-à-dire la partie Ouest de la Russie moderne, *la petite Russie*. Elle avait deux capitales : Novgorod *la grande*, la ville des marchands, au bord du lac Ilmen; Kiev *la sainte*, la ville aux quatre cents églises, au bord du Dniéper, où s'élevait la cathédrale de Sainte-Sophie, ornée de fresques grecques à fond d'or et à inscriptions grecques.

3. Cette Russie ne parvint pas à constituer un État durable; à la mort de chaque prince le pays se partageait entre ses fils : il y eut au XIIIᵉ siècle jusqu'à 72 principautés. — Une armée de 300,000 cavaliers tartars venus d'Asie détruit alors tous ces petits États, et du XIIIᵉ au XVᵉ siècle la Russie tout entière est soumise à un prince mogol, le *grand Khan* de la *Horde d'or*, qui demeure dans une ville de bois aux bords du Volga. Les princes russes indigènes ne sont plus que les serviteurs du Khan: ils doivent à leur avènement se rendre à sa cour, se prosterner

---

(1) Les paragraphes 1 à 46 sont empruntés à l'*Histoire de la Civilisation contemporaine* de M. Ch. Seignobos, chez Masson et Cⁱᵉ, 4ᵉ édition, 1905, pages 8-24, 73, 74. — Les paragraphes 52 à 164 sont empruntés à l'*Histoire politique de l'Europe contemporaine* de M. Ch. Seignobos, publiée chez Armand Colin (3ᵉ édition, 1903, pages 550-584.) — Les paragraphes 47 à 51 ont été ajoutés et ne sont pas rédigés par M. Seignobos.

devant lui et se faire donner des titres d'investiture. Quand le Khan leur envoie un messager, ils doivent étendre des tapis précieux, leur offrir une coupe pleine de pièces d'or et écouter à genoux la lecture de la lettre.

4. Pendant ce temps, les Russes de l'Ouest ont colonisé peu à peu les immenses forêts désertes de l'Est et ont créé un nouveau peuple russe. Les princes de Moscou, en se chargeant de recueillir les tributs pour le compte des Khans tartars, sont devenus les souverains les plus puissants du pays. Pendant deux siècles ils travaillent, avec l'aide des armées tartares, à conquérir les principautés : on les a surnommés les « rassembleurs de la terre russe ». Au xvie siècle, les grands princes de Moscovie s'affranchissent des Tartars, et Ivan IV prend le titre de *tsar*, c'est-à-dire roi (1547). La vraie Russie désormais est à l'Est, c'est le pays du Volga, la *grande Russie*. Le village de Moscou bâti au pied de la citadelle du Kremlin, est devenu la capitale du nouvel empire.

II. — Le tsar.

5. Le tsar qui gouverne cet empire, le plus étendu de toute l'Europe, a un pouvoir absolu d'une nature particulière. — Tous ses sujets s'appellent eux-mêmes ses *esclaves:* suivant la mode orientale, ils se présentent en frappant la terre de leur front (en russe une pétition s'appelle encore un *battement du front*). Tout ce qui est dans son empire lui appartient, hommes et choses: il a le droit de reprendre les biens de ses sujets ou de les mettre à mort sans autre forme qu'un ordre. Il n'y a pas d'autre loi que sa volonté, les seules lois russes sont les *ukases*, c'est-à-dire les ordres des tsars. — En même temps le peuple regarde le tsar comme un personnage sacré en qui s'incarne la « sainte Russie », et comme un père que la religion ordonne d'aimer. Le paysan même l'appelle *père* et le tutoie. — Les habitants de Pskow avaient depuis plusieurs siècles le droit de s'assembler et d'administrer leurs affaires. Quand Vasili leur ordonna d'enlever la cloche qui convoquait l'assemblée, ils lui répondirent: « Nous, tes enfants orphelins, nous te sommes attachés jusqu'à la fin du monde. A Dieu et à toi tout est permis dans votre patrimoine. »

6. Les Russes obéissent à leur tsar avec crainte et amour comme à un maître, un père et un représentant de Dieu. A cette autorité toute-puissante rien en Russie ne fait contre-poids. La Russie n'a ni institutions ni coutumes anciennes que le tsar soit obligé de respecter : le droit russe n'est qu'un recueil des ukases des tsars. — La Russie n'a pas d'assemblée pour discuter l'impôt, ni même pour présenter des vœux. A la fin du xvie siècle la famille des tsars issus de Rurik s'éteignit, un prince polonais et un prince suédois envahirent la Russie, et allèrent s'établir l'un à Moscou, l'autre à Novgorod. Les Russes se soulevèrent contre ces étrangers, et en 1612, une assemblée générale des grands personnages et des délégués des villes se réunit pour choisir un nouveau tsar, Michel Romanoff; mais, aussitôt le tsar nommé, cette assemblée se sépara sans essayer de prendre part au gouvernement. — La Russie n'avait pas même de justice régulière; le tsar avait le droit de faire donner le knout à qui il voulait (le *knout*, c'est le terrible fouet tartar, à longues lanières de cuir, qui tranche la peau et peut donner la mort d'un seul coup). Ce fut longtemps le procédé de punition habituel. On a souvent appelé le gouvernement des tsars le « règne du knout ». Il suffisait d'un ordre pour faire décapiter même les plus grands personnages, et le tsar coupait les têtes de sa propre main. Ivan le Terrible, sur la fin de sa vie, fit dresser la liste de toutes ses victimes pour les recommander aux prières de l'Église; la liste donne un total de 3,480 personnes : 986 seulement sont indiquées par leur nom suivi de cette mention « avec sa femme et ses enfants », ou « avec ses enfants »; le tsar avait fait exécuter toute la famille avec son chef.

III. — **Nobles et paysans.**

7. La Russie n'avait pas de villes (Moscou même n'était qu'un grand village): c'était un État de paysans, aussi n'eut-elle point de bourgeoisie. Il n'y avait guère que deux classes, les *paysans* et les *nobles*.

8. La noblesse russe ne ressemble pas aux nobles d'Europe. Elle a été dès l'origine une noblesse de cour (le mot *dvoriano*, que nous traduisons par noble, signifie courtisan). Les nobles étaient : 1° les parents de la famille impériale, les *kniazes* (très nombreux en Russie); 2° les descendants des hommes qui avaient exercé une dignité à la cour, les *boïars*. Longtemps on régla les préséances par l'emploi qu'avaient occupé les ancêtres; de là des querelles violentes. Les membres de chaque famille mettaient leur honneur à conserver le rang de leur famille. Même à la table du tsar un noble refusait de s'asseoir à une place au-dessous d'un noble dont les ancêtres avaient eu un emploi moins élevé que les siens; en vain le tsar ordonnait de l'asseoir de force, le boïar se redressait violemment et sortait en criant qu'il aimait mieux avoir la tête coupée que de céder sa place. Mais, à la fin du XVIIe siècle, le tsar, pour mettre fin à ces querelles, n'eut qu'à brûler les livres où étaient inscrites les préséances. Depuis lors le rang d'un noble n'a plus été réglé que par l'emploi qu'il occupe lui-même. — Les nobles n'étaient nobles que par la volonté du tsar, il leur avait donné leur titre, il pouvait le leur retirer. « Monsieur, disait le tsar Paul Ier à un étranger, je ne connais de grand seigneur chez moi que l'homme à qui je parle, et encore pendant que je lui parle. »

9. Ce qui faisait l'importance des nobles, c'étaient les terres que le tsar leur avaient données, car en Russie, comme dans les empires d'Orient, toute la terre appartenait au souverain. Les paysans n'étaient pas propriétaires du sol; ils le cultivaient pour le compte du tsar ou des nobles ses serviteurs et formaient une classe inférieure, on les appelait *moujiks* (petits hommes). Jusqu'au xvi° siècle ils avaient eu le droit de passer d'un domaine dans un autre chaque année à la Saint-Georges (26 novembre) : ils pouvaient par là même changer de maître, leur condition était celle de nos domestiques de ferme ; ils n'étaient pas propriétaires, mais ils étaient libres. Pendant les guerres civiles de la fin du xvi° siècle, les tsars, pour empêcher les travailleurs d'émigrer vers le Sud, défendirent aux paysans de changer de terre à la Saint-Georges (1597). Le moujik resta attaché à la terre qu'il cultivait, soumis à perpétuité au propriétaire. La condition des paysans fut plus dure alors en Russie que dans aucun pays d'Europe. (Ils restèrent libres dans la région du Nord-Est, où il n'y avait pas de nobles, et aux bords du Dniéper, dans l'Ukraine, où ils continuèrent à vivre en guerriers.) Le propriétaire exigeait d'eux trois jours de corvée par semaine sur ses terres ou une redevance annuelle (*obrock*). Ils étaient soumis sans défense aux caprices du maître et de son intendant, sans avoir même, comme les serfs de France, l'assurance d'être laissés dans leur village. Le maître pouvait les prendre dans sa maison comme domestiques, sans leur donner aucun salaire, les marier à sa guise, les envoyer comme soldats ou comme colons, même les vendre au loin ; il pouvait les battre et les emprisonner sans avoir à en rendre compte. Ces paysans ressemblaient plus à des esclaves antiques qu'à des serfs du moyen âge. Ils se nomment en russe *consolidés*, nous les appelons des serfs.

IV. — L'Église russe.

10. Le peuple russe, converti par des missionnaires de Constantinople, avait adopté la religion et les usages de l'Église grecque : il était et est resté *orthodoxe*. Le clergé se divise en deux espèces : les moines, qu'on appelle le *clergé noir*, vivent dans les couvents et n'ont pas le droit de se marier ; les prêtres *popes*), célèbrent le culte et forment le *clergé blanc*, ils sont mariés ; en pratique le mariage est presque obligatoire.

11. C'est le clergé noir qui gouverne l'Église, car les évêques, devant être célibataires, ne peuvent être choisis que parmi les moines. Les popes sont à peine au-dessus des paysans parmi lesquels ils vivent. Ils se sont préparés à être popes par un apprentissage, comme pour un métier manuel ; ils n'ont appris qu'à chanter et à faire les cérémonies, à peine savent-ils lire. Pendant longtemps il leur était même interdit de faire des sermons.

12. L'Église russe était indépendante de Constantinople, elle avait sa liturgie à part, écrite en vieille langue slavonne ; au xvi° siècle, le tsar établit un patriarche chef de toute l'Église russe. Comme les livres liturgiques, fréquemment recopiés, s'étaient altérés pendant le moyen âge, le patriarche Nicon voulut en 1654 corriger les erreurs et les fautes des copistes et rétablir les textes et les cérémonies dans leur pureté. Bien qu'il fût soutenu par un concile de tous les évêques, cette réforme fit scandale. Les Russes étaient très attachés aux pratiques extérieures ; ils le sont encore, ils observent le carême très rigoureux de l'Église grecque, ne mangeant ni viande ni œufs pendant quarante jours ; dans chaque maison il y a une image (*ikône*), devant laquelle on vient faire des prières et brûler des cierges.

13. Beaucoup de Russes s'obstinèrent dans leurs anciennes pratiques, refusèrent d'accepter les corrections du patriarche et cessèrent de fréquenter les églises où l'on suivait le rite réformé. On les appelle les dissidents (*raskolniks*) ; eux-mêmes se nomment les *vieux-croyants*. La différence entre eux et les orthodoxes ne porte que sur des usages extérieurs ; les vieux croyants ne veulent faire le signe de la croix qu'avec deux doigts au lieu de trois ; ils prononcent *Isous* (Jésus), au lieu de Iissous, et pensent que c'est un péché mortel de se raser la barbe ou de fumer. Mais pour ces questions de formes, les *raskolniks* se laissaient persécuter, emprisonner et mettre à mort. Ils ont traversé deux siècles de persécutions et sont très nombreux aujourd'hui, surtout parmi les paysans libres du Nord et les marchands des villes.

V. — Introduction de la civilisation occidentale en Russie.

14. Les Russes étaient encore à la fin du XVIe siècle un peuple asiatique ; ils portaient de longues barbes et des vêtements longs et flottants : à la manière des Orientaux, ils tenaient leurs femmes enfermées et ne les laissaient sortir que la figure voilée. Ils ne pratiquaient aucune des industries de l'Occident, ils détestaient les Occidentaux, les regardant tous indistinctement, catholiques et protestants, comme des hérétiques.

15. Au milieu du XVIe siècle (1553), des marins anglais à la recherche de la route de Chine avaient *découvert* la mer Blanche ; c'était alors la seule mer à laquelle l'empire du tsar eût accès (les côtes de la Baltique appartenant au roi de Suède, les côtes de la mer Noire au sultan). Le port d'Arkhangel fut pendant plus d'un siècle le seul point par lequel l'Europe communiquât avec la Russie. Le tsar avait permis d'y fonder une ville (1583) ; il avait donné le monopole du commerce aux marchands anglais et hollandais qui l'habitaient. Ivan le Terrible avait fait venir des architectes et des ingénieurs italiens, il avait même établi une imprimerie.

16. Néanmoins les Russes restaient toujours des barbares, et les ambassades que le tsar envoyait quelquefois à une cour d'Europe, paraissaient encore des troupes de sauvages. En 1656 arrivaient à Livourne deux ambassadeurs qui étonnèrent les Italiens par leur saleté et leur grossièreté. Ils couchaient par terre dans leurs vêtements qu'ils ne quittaient pas, enfermaient leur mouchoir dans leur bonnet ; à table ils prenaient les morceaux dans les plats avec les mains pour les piquer sur leur fourchette. On leur avait fourni des vivres et des tonneaux de vin :

en partant ils emportèrent les tonneaux vides pour avoir un plus gros bagage. Ils s'enivraient avec de l'eau-de-vie et frappaient leurs domestiques avec un bâton. Un poète avait fait un sonnet en l'honneur d'un des ambassadeurs : l'autre se mit en colère; pour le calmer on lui présenta un autre sonnet en son honneur ; cette fois ce fut le premier qui se fâcha, parce que son sonnet était écrit sur du moins beau papier. Non seulement ils ne savaient que le russe, mais ils ignoraient entièrement la géographie des pays où on les envoyait ; dans les rapports adressés au tsar ils défigurent tous les noms des villes où ils ont passé.

17. A cette ignorance les Russes joignaient une passion puérile d'étiquette. Une ambassade fut envoyée à Louis XIV en 1681 pour conclure un traité de commerce. Le chef de l'ambassade Potemkin voulait qu'à chaque fois qu'il était question du tsar dans le traité on répétât : Votre Majesté tsarée. Il se plaignit de ce que la lettre de réponse du roi de France était plus petite que celle qu'il avait reçue du tsar. On lui répondit que le morceau de parchemin était aussi gros, s'il paraissait plus petit c'était qu'il était plié plus fin. Le jour où Louis XIV lui donna audience, Potemkin, après avoir prononcé quelques mots, s'arrêta. L'interprète lui dit : « Si tu veux parler, continue ; sinon c'est moi qui vais prendre la parole. — Tu vois bien, répond Potemkin, je prononce le nom du tsar et le roi ne bouge pas, ne lève même pas son chapeau. » Il aurait voulu que Louis XIV se levât chaque fois qu'il entendait le nom du tsar.

18. Ce peuple barbare ne pouvait se tenir toujours à l'écart de la civilisation chrétienne. Mais pendant un siècle on put se demander si la civilisation pénétrerait en Russie par la Pologne catholique ou par les pays protestants du Nord. Quelques seigneurs russes avaient commencé à adopter le costume polonais.

19. Les peuples du Nord prirent l'avance, parce qu'ils furent introduits directement au cœur même de la Russie. Les tsars avaient l'habitude, quand ils envahissaient un pays étranger, d'emmener une partie des habitants pour les établir dans leur empire. En 1565, Ivan avait amené à Moscou plus de 3.000 Allemands enlevés dans les provinces Baltiques. Ainsi s'était formée une colonie étrangère qui avait ses pasteurs et son Église. Elle se grossit au XVIᵉ siècle d'émigrants attirés par le tsar, ou venus pour faire fortune, ingénieurs, charpentiers, mineurs, médecins, pharmaciens, commerçants, officiers : il y en avait de tous pays, mais ce qui dominait, c'étaient les Allemands, les Hollandais et les Anglais. Ils avaient d'abord vécu mélangés aux Russes ; en 1652 on les trouva trop fiers, trop bien vêtus ; on leur défendit de porter le costume russe et on les établit hors de Moscou dans un quartier à part, ce fut la *Sloboda* des étrangers ; elle comptait en 1678 environ 18.000 âmes.

20. Le peuple russe haïssait ces étrangers et ne désirait pas adopter leurs coutumes, et les tsars, élevés dans le respect de la religion russe,

n'avaient aucun mot'f de prendre parti pour la civilisation des hérétiques.

VI. — Pierre le Grand (1689-1725).

21. A la fin du xvii° siècle arriva au trône un tsar élevé tout autre-
ment que ses prédécesseurs. Pierre I°r avait été proclamé tsar étant
encore enfant, mais sa sœur Sophie avait pris le pouvoir à sa place et
l'avait relégué dans une maison de campagne ; son instruction fut très
négligée, il n'apprit ni le latin ni l'orthographe, il n'eut pas d'instruction
religieuse ; mais il fit la connaissance de quelques étrangers, fréquenta
leur quartier, se prit de passion pour un vieux bateau qu'il trouva aban-
donné dans un grenier et s'amusa à jouer au navigateur et au soldat.
Il alla à Arkhangel où il vécut avec les marins et les charpentiers. Plus
tard (1697), ayant entrepris de créer une marine de guerre sur la mer
Noire, il vint en Europe faire un voyage d'études, emmenant une bande
de 200 à 250 jeunes Russes qu'il voulait instruire.

22. De retour en Russie, Pierre a travaillé à transformer ses Russes
en Européens. Il n'avait aucun préjugé russe, aucun goût pour les
mœurs russes, aucun respect pour la religion russe : il était plein
d'admiration pour la civilisation de l'Occident, et impatient de l'introduire dans son empire. Habitué à l'idée qu'un tsar n'avait qu'à ordonner
pour être obéi, il a commandé à ses sujets de changer d'usages, mena-
çant de l'amende ou du fouet ceux qui n'obéiraient pas. Il a interdit les
longues barbes, coupé lui-même celles des seigneurs de sa cour ; puis il
a, par un ukase, ordonné à tous les fonctionnaires de porter le costume
européen. Il a permis le tabac qui avait été interdit par l'Église russe
comme une « herbe diabolique », et a donné l'exemple. Il a ordonné
aux femmes de venir dans les réunions et d'y paraître en costume européen, et le visage découvert. Plus tard, à Pétersbourg (1718), il voulut
créer une vie de salon : il ordonna aux principaux seigneurs de tenir à
tour de rôle des *assemblées*, c'est-à-dire de donner des soirées où les
nobles devaient venir avec leurs femmes et où on devait s'amuser à
l'européenne, danser, jouer, fumer, causer ; une loi prescrivait les rafraî-
chissements qu'on devait donner. Naturellement ces salons obligatoires
ne ressemblèrent pas tout d'abord à des salons français : les dames
russes, habituées à vivre enfermées, se tenaient immobiles et silencieuses,
les hommes s'enivraient.

23. Pierre avait commencé par les réformes qui devaient le plus
choquer son peuple, il avait blessé à la fois le sentiment national et le
sentiment religieux ; il eut tout le monde contre lui. — Le clergé, le
voyant fréquenter des hérétiques, l'accusait de vouloir détruire la religion ; supprimer les barbes était presque une hérésie, un patriarche
avait déclaré qu'un homme sans barbe ressemblait plus à un chat qu'à
un homme. — L'armée russe (les Strélitz) était mécontente de ce que le

tsar donnait tous les commandements à des officiers étrangers. — Les gens de Moscou ne pouvaient supporter de le voir favoriser la Slobode des étrangers et refuser de tenir sa place dans les cérémonies religieuses. — Sa femme Eudoxia et son fils Alexis soutenaient les mécontents ; Alexis refusait d'apprendre aucune langue étrangère et déclarait qu'après la mort de son père « il remettrait tout comme auparavant. »

24. Beaucoup de Russes ne pouvaient croire qu'un tsar russe tînt une pareille conduite, ils disaient que Pierre n'était pas le vrai tsar, mais le fils d'une Allemande ou bien un étranger revenu d'Europe à la place de Pierre.

25. Pierre n'avait pour lui que ses camarades et les étrangers. Mais il était le tsar et ce peuple, habitué à obéir à son tsar, ne savait pas se révolter. Les mécontents se bornaient à se plaindre secrètement, il fallait les arrêter et leur faire donner des coups de knout pour les faire parler.

26. Pour briser les résistances, Pierre a employé son procédé habituel, la force. — Les strélitz s'étaient mutinés en son absence ; à son retour il les a fait torturer à coups de knout, puis on a dressé de longues pièces de bois sur lesquelles ils se couchaient par rangées ; le tsar leur abattait la tête. — Pour se délivrer du clergé, il a supprimé le patriarche et n'en a plus fait élire. — Pour vaincre l'opposition dans sa famille, il a fait donner le knout à sa femme et mettre à mort son fils. Puis il s'est fait une famille nouvelle en épousant une Livonienne prisonnière, Catherine. — Il l'a fait couronner tsarine, s'est établi avec elle à Pétersbourg et a fait donner à ses deux filles une éducation européenne. Ce sont ces femmes qui ont continué son œuvre.

27. Pour se délivrer des gens de Moscou, il a créé une capitale nouvelle en pays étranger, près de la Baltique, à laquelle il a donné un nom allemand, Pétersbourg. Il l'a peuplée en y transportant de force une partie des habitants d'Arkhangel et a ordonné à tous les seigneurs de s'y faire bâtir une maison.

28. Pierre a passé son règne à introduire en Russie les arts et les institutions qu'il avait admirées en Europe.

29. Dans la civilisation européenne, ce qu'il comprenait le mieux, c'étaient les inventions matérielles ; lui-même s'était fait charpentier, soldat, matelot, graveur. Les étrangers qu'il fit venir en Russie furent, non des artistes ou des savants, mais des ouvriers et des ingénieurs ; les écoles qu'il fonda furent des écoles pratiques (Académie de marine, École de comptabilité) ; les livres qu'il fit traduire en russe étaient des ouvrages de technique, d'économie politique, de géographie. — Il s'occupait lui-même des détails des métiers : il ordonnait aux cordonniers de changer leurs procédés sous peine de confiscation ; il défendait de porter de grands clous aux bottes ou de faire des barques suivant la méthode russe, parce qu'elle usait trop de bois ; il réglait la forme des

faucilles et des houes, la façon de couper le bois et de moissonner.
« Notre peuple, dit-il dans une loi, est comme les enfants qui apprennent
avec peine et répugnent à l'A B C ; si bien que l'instituteur doit les
forcer. D'abord cela leur paraît désagréable, mais quand ils ont appris,
ils sont reconnaissants envers l'instituteur. »

VII. — Transformation de la noblesse russe.

30. Pierre n'a pas diminué le pouvoir du tsar : il l'a fortifié en lui
donnant les instruments de gouvernement inconnus à la vieille Russie,
une armée et une administration régulières. Sans tenir aucun compte
des habitudes du peuple russe, il a transporté dans son empire les institutions des peuples occidentaux, dont il ne s'est même pas donné la
peine de changer les noms. — Il a organisé son armée sur le modèle
allemand avec des feld-maréchaux et des généraux. Les soldats étaient
revêtus d'un uniforme à l'européenne, armés comme les troupes
d'Europe et divisés en fantassins et en dragons (les Cosaques seuls ont
gardé leur costume national et la vieille façon de combattre). — Il a créé
une flotte sur le modèle hollandais, en forçant au service de matelots les
Russes qui avaient horreur de la mer. — Il a créé une administration
copiée sur les administrations suédoises, un Sénat de neuf membres et
des collèges pour le gouvernement ; des juges, des gouverneurs pour
l'administration et pour la police, une chancellerie secrète. Dans ces
collèges le président était un Russe, les vice-présidents des étrangers.

31. Pour organiser cette administration, Pierre a bouleversé la
noblesse russe : il a aboli le titre de boïar et créé le *tableau des rangs*.
Toutes les fonctions civiles ont été assimilées à un grade de l'armée. (Il
y a quelques années, un professeur d'Université qui faisait un voyage
en Sibérie, passant par des postes militaires commandés par des officiers
subalternes, voyait souvent le chef du poste venir lui remettre le commandement comme à un supérieur ; son titre de professeur faisait de
lui un commandant.) Il y a ainsi quatorze degrés, chacun correspond à
un grade ; le chancelier dans le service civil est au premier degré, au
niveau du feld-maréchal dans l'armée ; le registrateur de collège est au
dernier degré, au niveau de l'enseigne. On avance d'un degré à l'autre,
dans le service civil comme dans l'armée. La société russe est un régi-
ment où chacun est rangé suivant son grade. L'élève qui sort du collège
et qui entre à l'Université est déjà enrégimenté, il est au quatorzième
degré.

32. L'ensemble des hommes pourvus d'un grade s'appelle *tchine*. Il
n'y a plus en Russie d'autre noblesse. Tout fonctionnaire est noble,
parce qu'il est au service du tsar, et tout noble doit entrer dans les
fonctions : Pierre a même établi que toute famille qui n'aurait pas pris
de service pendant deux générations cesserait d'être noble. Quand on
veut honorer un marchand enrichi, un savant, un écrivain, un médecin,

on lui donne un titre de fonction (candidat, conseiller de commerce),
qui lui assure un rang dans le tchine et le met au rang d'un major ou
d'un colonel.

33. La noblesse russe est devenue entièrement une noblesse de fonctions. Elle se transmettait autrefois aux enfants à tous les degrés du
tchine ; aujourd'hui les grades inférieurs ne donnent plus qu'une
noblesse personnelle.

VIII. — La vénalité.

34. Les fonctionnaires de l'administration russe gardèrent longtemps,
sous des noms européens, les vieilles habitudes barbares. Autrefois le
tsar lui-même, quand il donnait un emploi à un homme lui disait :
« Vis de ta charge, et rassasie-toi. » Les fonctionnaires continuèrent à
regarder leur place comme un moyen de tirer de l'argent de leurs administrés. Pierre le Grand ne voulut plus que ses employés se payassent
eux-mêmes, ils devaient se contenter du salaire qu'il leur donnait. Il leur
défendit d'accepter des présents, il fit même décapiter plusieurs gouverneurs pour concussion, et son principal fonctionnaire des finances fut
roué comme voleur ; mais ses administrateurs ne se corrigèrent pas. Un
jour, dit-on, que le tsar dictait à son procureur général une loi qui
punissait de mort tout employé convaincu de vénalité : « Votre Majesté,
dit le procureur, veut-elle donc rester toute seule dans l'Etat ? Nous
volons tous, les uns davantage et plus lourdement, les autres moins et
plus adroitement. » — La vénalité était dans les mœurs ; administrateurs
et administrés trouvaient naturel qu'un employé se fît payer pour
remplir ses fonctions. De nos jours même le gouvernement a réussi à
dissimuler la vénalité, non à la supprimer.

IX. — Le gouvernement de la Russie au XVIIIᵉ siècle.

35. Pierre le Grand avait imposé au peuple russe la civilisation et les
institutions de l'Europe. En même temps il avait fait de la Russie une
grande puissance militaire et maritime. Il avait détruit l'armée du roi de
Suède et conquis toutes les provinces de la Baltique ; il avait commencé
la guerre contre le Sultan pour conquérir les provinces de la mer Noire.
Il avait profité de l'invasion des Suédois pour envahir la Pologne et,
sous prétexte de la défendre, il avait fait imposer au roi (1717) par les
nobles Polonais une loi qui lui interdisait d'avoir une armée de plus de
18.000 hommes.

36. Il laissait à sa mort (1725) le peuple russe mécontent, ruiné par
les impôts nouveaux, décimé par les guerres et les corvées. Mais il avait
réussi à transformer l'ancienne Moscovie barbare et demi-asiatique en
un grand empire européen. Cette métamorphose qui semblait devoir
exiger un siècle, Pierre l'avait opérée en une génération.

37. Cette œuvre hâtive était incomplète et peu solide ; les sentiments des Russes n'étaient pas changés, et il aurait suffit de la volonté d'un tsar pour détruire ce que la volonté de Pierre avait créé. On put croire un moment que ce tsar était venu. Le petit-fils de Pierre le Grand, Pierre II, revint à Moscou, où il se mit, comme les anciens tsars, à chasser et à boire ; les conseils cessèrent de fonctionner, on faillit même abandonner les provinces baltiques. Mais après sa mort, le pouvoir passa successivement à trois femmes, qui vinrent s'établir à Pétersbourg et qui laissèrent gouverner leurs favoris. L'œuvre de Pierre le Grand fut sauvée par la cour de Pétersbourg et les fonctionnaires étrangers, Munich, Biron, Ostermann, Lestocq. Elle fut définitivement consolidée par une Allemande, Catherine, venue en Russie comme femme du tsar Pierre III, qui se débarrassa de son mari et se fit couronner tsarine.

38. Les Russes travaillent encore aujourd'hui à fondre en une seule ces deux nations superposées.

X. — Catherine II de Russie (1762-1796).

39. Catherine était une princesse allemande, devenue tsarine de Russie par le meurtre de son mari. C'était une femme lettrée, en correspondance avec les philosophes ; elle composa même des comédies et une tragédie. « Elle a l'âme de Brutus sous la figure de Cléopâtre », disait Diderot

40. Elle était très active et très vaniteuse, dévorée du besoin de faire parler d'elle ; elle voulait passer en Europe pour un souverain éclairé, capable de gouverner suivant les principes des philosophes.

41. Elle admirait surtout Montesquieu, elle disait que l'*Esprit des lois* devrait être le bréviaire des souverains. « Si j'étais Pape, je canoniserais Montesquieu. »

42. En 1767 elle réunissait une commission générale pour préparer un code de lois commun à toute la Russie. Elle avait rédigé elle-même l'instruction pour diriger cette commission, et y avait introduit beaucoup de passages tirés de Montesquieu, elle disait qu'elle le pillait mais que, si de l'autre monde il suivait son travail, il ne blâmerait pas un plagiat utile à 20 millions d'âmes. En envoyant au roi de Prusse un exemplaire de cette instruction, elle ajoutait : « Vous verrez que j'ai fait comme le corbeau de la fable qui se pare des plumes du paon ; l'arrangement seul est de moi et çà et là une ligne ou mot. » La commission fut composée de délégués de toutes les provinces. Après les avoir entendus, Catherine les renvoya et fit rédiger un *code* où l'on proclamait les principes des philosophes : « La nation n'est pas faite pour le souverain, mais le souverain pour la nation... Il vaut mieux épargner dix coupables que de perdre un innocent. » Elle abolissait la torture et la peine de mort. Indifférente à toute religion, elle laissait les catholiques et les dissidents exercer librement leur culte et recueillait les Jésuites chassés des États catholiques. — Mais Catherine ne prenait de la *philosophie* que ce qu'il lui en fallait. « Avec vos grands principes, écrivait-elle à Diderot, on ferait de beaux livres et de mauvaise besogne. » A la place de la peine de mort, elle mettait la déportation en Sibérie ; elle ne supprimait pas le knout : elle envahissait la Pologne et faisait massacrer les Polonais.

43. En 1781 elle se fit faire un rapport sur les œuvres accomplies pendant son règne (dix-neuf ans) et envoya au philosophe Grimm la liste suivante :

```
« Gouvernements érigés selon la nouvelle forme. . . .      29
  Villes érigées et bâties. . . . . . . . . . . . . . . .  144
  Conventions et traités conclus . . . . . . . . . . .      36
  Victoires remportées. . . . . . . . . . . . . . . . .     78
  Édits mémorables portant loi ou fondation . . . . . .     88
  Édits pour soulager le peuple . . . . . . . . . . . .    123
                                              ─────────
                          TOTAL. . . . . . . . .    492
```

« Tout ceci est affaire d'État, et aucune affaire particulière n'a eu de place dans cette liste. »

44. Évidemment, Catherine tenait à prouver qu'elle avait fait beaucoup de choses. Elle ne disait pas que la plupart des lois étaient inappliquées, et qu'un bon nombre de villes consistaient seulement en un poteau avec une inscription ; les bâtiments élevés à la hâte étaient tombés en ruines.

45. Ce qui lui importait, c'était de donner aux écrivains et au public une haute idée de ses mérites ; elle réussit en effet à obtenir des philosophes le surnom de *Sémiramis du Nord*.

XI. — La Russie et la Révolution.

46. Mais dès que la Révolution française éclate, Catherine la combat. Pour elle, l'Assemblée Constituante « est une hydre aux 1.200 têtes », un ramas de scélérats ; les nobles qui ont voté l'abolition de la noblesse sont des « gredins ». Et c'est le ministre russe à Paris qui délivra le passeport dont la famille royale de France devait se servir pour s'enfuir des Tuileries.

47. Catherine cesse d'aimer les philosophes parce que la philosophie avait eu pour conséquence la Révolution. Elle fait mettre au grenier le buste de Voltaire ; elle interdit les publications philosophiques ; elle persécute les francs-maçons et les libéraux. Son ami Novikof est mis en prison et ruiné. Un autre, pour avoir parlé avec compassion d'une famille de serfs vendue aux enchères, est déporté en Sibérie par l'impératrice qui, vingt-trois ans auparavant, avait mis à l'ordre du jour l'abolition de l'esclavage.

48. Catherine faisait semblant de se préparer à attaquer la France. Elle admettait dans son intimité Esterhazy, l'agent des émigrés, et disait que 2.000 Cosaques et 6.000 Croates suffiraient à rétablir l'ancien régime. Mais elle ne tenait qu'à exciter les autres souverains pour les embarrasser dans les affaires de France, et rester libre d'agir à sa tête dans les affaires de Pologne.

En 1792, une armée de 100.000 Russes envahit la Pologne, et au troisième partage, en 1795, la Russie garda toute la Lithuanie, plus les pays russes jusqu'au Niémen.

49. Le tsar Paul Ier, dès son avènement, dit qu'il voulait s'opposer aux progrès de « l'effrénée République française ». Il prit à sa solde les soldats du prince de Condé, réunit une armée de 10.000 émigrés français, et fit une pension de 500.000 francs au prétendant Louis XVIII, pour lui permettre d'avoir une cour. En 1798, il entra dans la coalition contre la France révolutionnaire, mais fit la paix avec Bonaparte (1800) qui lui plaisait comme guerrier, comme restaurateur de l'ordre, de la monarchie, de la religion. Il lui donna le conseil de prendre le titre de roi avec l'hérédité de la couronne dans sa famille « afin de convertir les principes révolutionnaires qui ont armé toute l'Europe contre la France ».

50. Le tsar Alexandre Ier entra dans la troisième coalition contre la France et se fit battre à Austerlitz ; puis dans la quatrième coalition et se fit battre à Friedland. Il fut séduit à Tilsitt par les politesses de Napoléon, et par sa promesse d'autoriser les Russes à envahir la Finlande, la Suède et la Roumanie. Mais le tsar se fâcha quand Napoléon voulut l'obliger à exécuter le blocus continental. Napoléon envahit la Russie avec des troupes tirées de tous les pays de l'Europe occidentale. Ces troupes furent anéanties, non pas par l'armée russe (qui n'eut aucun succès d'ensemble), mais par le feu (incendie de Moscou), la glace (passage de la Bérésina), le froid et l'acharnement des paysans. La résistance nationale en Russie donna le signal de la résistance en Allemagne, et compromit la supériorité militaire de l'Empire français.

XII. — L'empire russe en 1814.

51. L'empire du tsar en Europe avait, dès 1814, son territoire formé complètement. C'était, même sans tenir compte des possessions d'Asie, de beaucoup le plus vaste des États européens ; la population totale était en 1815 évaluée à 45 millions d'âmes. Il se composait de plusieurs groupes de populations réunies par une série de conquêtes sous la même domination, mais qui conservaient leurs coutumes, leur langue, leur religion distinctes, et restaient juxtaposées sans se fondre. La lutte du gouvernement russe contre ces nationalités étant l'un des faits dominants de l'histoire de la Russie au XIXe siècle, il est nécessaire de se représenter exactement les morceaux disparates agglomérés dans l'empire russe.

52. 1° La Grande-Russie, le centre primitif et la partie et la plus importante de l'empire, avait une population russe de langue russe (dialecte *grand-russien*) et de religion grecque orthodoxe. Les dissidents (*Vieux croyants*), séparés de l'Église officielle depuis la réforme de la liturgie au XVIIe siècle, formaient des sectes nombreuses, mais interdites par la loi.

53. 2° La Petite-Russie (Kiev, Oukraine) pays russe en partie soumis à la Pologne, puis reconquis, avait aussi une population de langue russe et de religion orthodoxe. Mais le dialecte *petit-russien* est pratiquement une langue assez différente du russe littéraire pour avoir sa littérature populaire distincte du russe orthodoxe. De même la religion orthodoxe n'était pas la seule reconnue; car, sans parler des colonies allemandes protestantes, une population de Juifs polonais s'était établie dans les villes et même les villages, et une partie des orthodoxes était entrée dans l'église catholique sous la forme de *Grecs unis,* en conservant son clergé marié et sa liturgie slave.

54. 3° Les pays à l'est du Volga, anciennes monarchies tartares, étaient habités par un mélange de Russes et de peuples jaunes asiatiques, en majorité orthodoxes, mais en partie musulmans.

55. 4° La Russie méridionale, formée des territoires enlevés à l'Empire ottoman, était peuplée de colons russes, de Cosaques, de tribus d'origine asiatique, et parsemée de colonies allemandes établies avec la promesse de conserver leur nationalité. La Bessarabie, détachée de la Moldavie en 1812, avait une population roumaine de religion orthodoxe, entremêlée de Juifs polonais. Cette région méridionale n'avait aucune unité de race, de langue, ni de religion.

56. 5° Le Caucase, qu'Alexandre Ier avait commencé à annexer, était un conglomérat de petits peuples, les uns chrétiens (Arméniens), les autres musulmans (Circassiens), la plupart belliqueux, dont la soumission n'a été complète qu'en 1864, et qui ont conservé leur vie nationale séparée; seules quelques familles princières, surtout de Géorgie, se sont fondues avec l'aristocratie russe. Ce pays était et est resté une frontière militaire de l'Empire, occupée par des armées et des colons soldats et gouvernée militairement.

57. 6° La Russie occidentale, l'ancien grand-duché de Lithuanie, annexé par Catherine II, se composait d'anciens pays russes (*Russie blanche*) à population de langue russe et de religion orthodoxe, soumis autrefois par les Lithuaniens — et d'un pays lithuanien où une partie de la population conservait les coutumes et la langue lithuaniennes, tandis qu'une partie, l'aristocratie surtout, avait adopté le polonais et se considérait comme de nation polonaise. La Russie blanche était orthodoxe, mais avec des nobles catholiques; la Lithuanie propre était catholique, mais avec une forte population de Juifs.

58. 7° Les provinces baltiques (Esthonie, Livonie, Courlande) avaient deux populations superposées. Les habitants primitifs, les uns finnois, les autres lithuaniens, restés à l'état de paysans, formaient une classe inférieure et conservaient leurs langues nationales. Toutes les classes supérieures, noblesse, clergé et bourgeoisie des villes, issues de colons allemands, parlaient allemand et vivaient à l'allemande. Le tsar, en recevant leur soumission, avait promis de respecter leurs usages et leurs privilèges. Tous les habitants étaient luthériens. — Le gouvernement de Saint-Pétersbourg (l'ancienne Ingrie) détaché des provinces baltiques, avait perdu tout caractère spécial; c'était un mélange de toutes les religions de l'Empire, la résidence de la cour et des fonctionnaires.

59. La Sibérie et plus tard l'Asie russe ressemblaient plutôt à des colonies qu'à des provinces. — Le duché de Finlande et le royaume de Pologne nouvellement acquis par Alexandre restaient des États distincts où le tsar était grand-duc ou roi.

60. L'empire russe était donc comme l'Empire autrichien un conglomérat de peuples: un seul lien les unissait, la soumission au pouvoir du tsar *autocrate*, c'est-à-dire souverain absolu sans contrôle. Le régime politique et social était resté ce que l'avaient fait Pierre le Grand et Catherine. La société consistait en deux classes superposées : — les paysans, en grande majorité serfs de la couronne ou serfs des nobles, soumis au fouet, à la capitation, au recrutement militaire, payaient les impôts à l'État, les redevances aux nobles et fournissaient les soldats (le service militaire durait vingt-cinq ans); — les nobles propriétaires (environ 100.000 familles), exempts du fouet, de la capitation, du recrutement, étaient nourris par les paysans et fournissaient les fonctionnaires et les officiers. — Les classes intermédiaires ne tenaient presque aucune place. — Le clergé séculier (*blancs*), c'est-à-dire les *popes*, marié, ignorant, misérable, écarté des hautes fonctions, n'avait guère d'autre rôle que de célébrer les cérémonies: le clergé régulier (*noirs*), les moines, qui seul recrutait les évêques et les abbés, restait étranger à la société.

Les marchands, bien qu'organisés en corporations et reconnus officiellement comme classe, ne s'élevaient presque pas au-dessus des paysans et n'avaient ni instruction ni vie politique: sauf les résidences du gouvernement, les villes russes n'étaient que d'énormes villages.

61. Il y avait ainsi deux sociétés superposées: au-dessous, celle des paysans, des marchands, des popes et des moines, restée orientale, orthodoxe, étrangère à toute culture et à toute vie politique; au-dessus, celle des nobles et du gouvernement, devenue occidentale, sceptique, disposée à adopter toutes les idées politiques de l'Europe comme ses modes et sa langue. Entre ces deux sociétés aucune entente, elles n'avaient même pas la même langue. La haute aristocratie ne parlait guère que français; une partie des fonctionnaires étaient des Allemands des provinces baltiques.

62. Le gouvernement avait ce même caractère disparate. Dans son fond il restait, comme le peuple, oriental et patriarcal, c'est-à-dire despotique: un seul pouvoir, le tsar *autocrate*, maître absolu, pas d'autre centre de gouvernement que sa résidence, pas d'autre loi que ses décrets (*oukases*), pas d'autre autorité publique que ses fonctionnaires, pas d'autres institutions que celles qu'il lui plaisait d'établir. Mais il avait plu aux tsars d'établir des institutions européennes; et la Russie avait une capitale européenne (Saint-Pétersbourg), une diplomatie européenne, une armée organisée à l'allemande, un gouvernement central à l'européenne, avec des conseils et des bureaux, des tribunaux à l'européenne avec une procédure écrite et secrète, une police européenne, des impôts et des

monopoles copiés sur l'Europe, une division de *gubernies* (gouvernements) et en *districts*, des assemblées de nobles présidées par un *maré-
chal* de la noblesse à la façon allemande. Même l'Église orthodoxe, la
seule institution nationale, était soumise à un collège ecclésiastique, le
Saint-Synode, et à un fonctionnaire laïque d'imitation européenne,
l'*Ober-Procureur* du Saint-Synode, qui proposait les nominations de
prélats et les mesures ecclésiastiques.

63. C'était le « despotisme éclairé » du xviiie siècle, sans aucune
liberté pour les sujets. Le gouvernement n'admettait ni liberté de presse,
de réunion ou d'association, ni assemblées délibérantes, ni manifestation publique sans autorisation, ni contrôle sur les actes des fonctionnaires, ni garantie contre leurs abus de pouvoir. La liberté de religion
même était limitée par l'Église d'État. Tous les cultes antérieurs des
populations annexées étaient protégés par des promesses spéciales des
tsars ; tout sujet protestant, catholique, juif, musulman, restait libre de
pratiquer sa religion. Mais aucun sujet orthodoxe ne pouvait sortir de
l'Église officielle ; toute conversion d'un orthodoxe à une autre religion
était interdite sous une peine sévère, et les sectes dissidentes (*raskol*)
détachées de l'ancienne Église étaient poursuivies comme criminelles.
C'était une tolérance restreinte aux religions étrangères.

64. Ce régime n'avait jamais été appliqué qu'imparfaitement. Les
fonctionnaires russes, habitués à l'indolence et à l'arbitraire des pays
d'Orient, laissaient traîner en longueur les affaires, les décidaient par
caprice ou se faisaient acheter. Ils se perdaient dans la complication
européenne des bureaux et dans la masse énorme des oukases, parfois
contradictoires.

XIII. — Le gouvernement d'Alexandre Ier.

65. Alexandre Ier, élevé par un Vaudois, Laharpe, imbu de doctrines libérales et humanitaires, avait essayé de mettre de l'ordre dans
le gouvernement central, en réglant le travail des ministres (1) ; ils
devaient se réunir en Comité pour décider ensemble les affaires cou-
rantes, mais il ne se forma pas de *ministère*, et la direction générale de
la politique continua à dépendre des influences personnelles qui s'exer-
çaient sur le tsar. L'ancien Sénat de Pierre le Grand fut réduit aux fonctions de cour de justice. Le Conseil d'État créé en 1810 ne fut qu'une
assemblée consultative, chargée de donner son avis sur les projets de
lois.

66. Alexandre Ier, suivant les conseils de Speranski, fils de pope,

---

(1) En 1802 on en avait créé 8 : guerre, marine, affaires étrangères, finances, commerce, justice, instruction, intérieur. On ajouta en 1811 : police, chemins et canaux,
cultes étrangers, contrôle. Après divers remaniements, il y avait, en 1896, 12 ministres,
en comptant le Procureur du Saint-Synode.

fonctionnaire de carrière, partisan de réformes à l'européenne, avait essayé d'émanciper les serfs, d'organiser l'enseignement, de codifier les lois, de réorganiser les finances; ces réformes n'aboutirent qu'en partie. Après sa rupture avec la France (1811), il tomba sous l'influence du parti patriote anti-français, orthodoxe et absolutiste, et de son aide de camp Araktchéieff. Après 1815, circonvenu par Metternich qui lui représentait les dangers de la Révolution, il renonça à toute réforme et laissa le personnel du gouvernement reprendre les allures du xviii siècle. La vie politique russe se retira dans les sociétés secrètes et les loges de francs-maçons, qui se recrutaient surtout parmi les hauts fonctionnaires et les officiers.

67. Alexandre resta tsar autocrate dans son empire de Russie, mais il voulut être souverain libéral dans ses nouveaux États européens.

XIV. — La Finlande et le Royaume constitutionnel de Pologne.

68. Au grand-duché de Finlande Alexandre avait promis de laisser sa constitution. Comme dans les provinces baltiques, la population était tout entière luthérienne, mais formée de deux sociétés superposées. Le peuple des campagnes, descendant de l'ancienne population finnoise, conservait la langue et les coutumes finnoises; toutes les classes privilégiées, nobles, pasteurs, bourgeois, étaient suédoises; le suédois était la langue du gouvernement. La Finlande, passée sous la domination du tsar, conserva sa Diète formée de quatre États suivant le système suédois (jusqu'en 1863 on s'abstint de la convoquer). Elle garda son autonomie complète, ses lois, ses tribunaux, sa monnaie, ses postes, même ses douanes. Le gouvernement resta confié au Sénat résidant en Finlande, divisé en deux sections (justice et finances), aux fonctionnaires indigènes et aux municipalités, c'est-à-dire à la noblesse et à la bourgeoisie suédoises. Le suédois resta la langue de l'administration.

69. Le nouveau royaume de Pologne, créé en 1815 avec l'ancien grand-duché de Varsovie, ne comprenait qu'un morceau de l'ancienne Pologne (1), la part de la Prusse dans le dernier partage (1795); mais c'était le pays de Varsovie, le cœur de la nationalité polonaise dans les temps modernes. Alexandre, disposé par son amitié avec les princes Czartoryski à respecter la nation polonaise, fit de la Pologne un État indépendant, uni à la Russie seulement par une union personnelle. Le tsar n'y portait que le titre de roi. Le royaume de Pologne garda toutes ses institutions distinctes, son église catholique avec ses donations et ses privilèges, ses écoles de langue polonaise, sa monnaie, ses postes, ses douanes, son administration, même son armée. Les fonctionnaires,

---

(1) La partie dominante avait été d'abord (xi-xiii siècles) la province de Posen, annexée à la Prusse en 1793, puis jusqu'à la fin du moyen âge la Petite-Pologne (Galicie), annexée à l'Autriche.

le clergé, les officiers étaient tous polonais; les fonctions étaient réservées aux indigènes. Les seuls étrangers étaient le vice-roi, représentant du tsar, et le commissaire impérial.

70. Alexandre avait tenu, malgré les conseils des absolutistes, à faire de son royaume une monarchie constitutionnelle. La charte de décembre 1815 garantit au royaume une administration indigène et créa une Diète composée d'un Sénat de 30 membres nommés par le roi et d'une députation de 60 nonces élus par les nobles et les villes. La Diète n'était convoquée que tous les deux ans et pour une courte session; elle délibérait sous la direction d'un commissaire impérial. Son pouvoir se réduisait à voter les lois et les impôts nouveaux; elle n'avait aucune prise sur le ministère, qui n'était responsable qu'envers le roi; elle n'avait même pas le droit de blâmer les actes du gouvernement. A la session de 1818, Alexandre lui rappela qu'elle « n'était réunie que pour donner son opinion sur les objets que le gouvernement jugeait nécessaire de soumettre à son examen ».

71. C'était donc une liberté constitutionnelle très imparfaite, avec une liberté de la presse très limitée par la censure des journaux. Mais en ce temps d'absolutisme, aucun autre peuple de l'Europe centrale n'avait autant de liberté politique que les Polonais.

72. La société restait aristocratique. Les paysans, affranchis du servage depuis 1807, mais sans avoir reçu de terres, restaient dans la condition de journaliers ou de tenanciers, à la merci des nobles propriétaires. La population des villes, en partie formée de Juifs, n'avait presque pas de part à la vie publique. La haute noblesse et le clergé gardaient la direction du pays.

73 Le ministère, formé d'anciens partisans de Napoléon, fut dominé d'abord par Lubecki, catholique lithuanien, peu favorable au régime constitutionnel et occupé surtout des intérêts matériels du royaume. Il fit créer la banque polonaise et la société de prêts sur hypothèque, régla la dette. La prospérité matérielle augmenta. De 1815 à 1830 la population s'accrut d'un million et demi d'habitants. Il se fonda à Lodz de grandes fabriques de drap. Le papier d'État polonais se releva; les finances devinrent assez ordonnées pour que le royaume pût avancer au gouvernement russe l'impôt d'une année.

74. Mais ce régime ne devint pas populaire en Pologne : il froissait à la fois le sentiment national et le sentiment libéral. Les patriotes n'acceptaient pas un royaume de Pologne réduit aux dimensions du grand-duché de Varsovie; ils réclamaient au moins les anciennes provinces de Lithuanie que le tsar avait laissées en dehors. Les libéraux accusaient le gouvernement de violer la Charte de 1815 en destituant des juges inamovibles, en faisant arrêter les membres de la Diète, en soumettant les livres à la censure, en fermant les écoles primaires. On se plaignait du commissaire impérial Novosiltzow, et plus encore du vice-roi Constantin, frère du tsar, aliéné capricieux qui interdisait les chapeaux à larges bords et, de sa propre main, coupait les bords des chapeaux en contravention.

75. La Diète essaya d'avertir le tsar. Il répondit que ses sujets devaient avoir une confiance illimitée dans ses principes de moralité chrétienne (1820); puis déclara que la Pologne était « menacée dans son existence si elle ne se montrait pas capable de se maintenir dans le régime dont elle avait été gratifiée ». Des sociétés secrètes, imitées de l'Europe, s'étaient formées parmi les jeunes gens. L'une d'elles, la *Société patriotique*, faisait jurer à ses membres de « se consacrer à rétablir la malheureuse et bien-aimée patrie ». La police russe de Paris la découvrit; une cour martiale condamna aux travaux forcés Lukazinski (1824) pour le seul fait d'avoir été membre d'une société secrète.

76. Alexandre finit par interdire à la Diète de publier ses délibérations (1825) et fit arrêter le chef de l'opposition, qui fut enfermé dans son domaine sous la surveillance continuelle d'un gendarme.

XV. — Le soulèvement de décembre 1825.

77. Alexandre, devenu à la fin de sa vie un tsar absolutiste, mourut sans laisser de fils. Son héritier le plus proche, son frère Constantin, avait d'avance renoncé à la couronne, préférant rester vice-roi de Pologne (il avait épousé une Polonaise). Le frère cadet, Nicolas, resté en Russie, était désigné comme successeur ; mais, à la mort d'Alexandre, il commença par reconnaître Constantin et faire prêter serment à son nom, et il attendit une renonciation nouvelle avant de se faire proclamer tsar.

78. Les mécontents de Russie essayèrent de profiter de cet interrègne pour faire une révolution libérale. Il y avait alors trois sociétés secrètes russes, imitées des sociétés d'Europe, surtout des *carbonari*; elles se recrutaient, comme en Espagne et en Italie, dans la partie la plus active alors de la population, parmi les officiers. Leurs idées politiques étaient confuses : elles désiraient introduire en Russie les institutions de l'Occident civilisé, mais il semble qu'elles différaient sur le modèle à suivre : la *Société du Nord*, établie à Pétersbourg, désirait une monarchie constitutionnelle ; la *Société du Midi*, recrutée dans les garnisons de la Petite-Russie, préférait la République; les *Slaves unis* inclinaient pour la fédération. Les chefs avaient concerté un soulèvement militaire pour le 1er janvier 1826. La mort d'Alexandre les décida à l'avancer de quelques jours; les officiers conjurés en profitèrent pour entraîner les soldats en leur faisant croire que le vrai tsar était Constantin. Deux régiments, à Pétersbourg, se soulevèrent au cri de « Vive Constantin et la Constitution ! » (Pour les soldats cette Constitution était la femme de Constantin.) Après un moment de surprise, le soulèvement fut réprimé, les soldats révoltés se dénoncèrent eux-mêmes. — Dans le Midi les conjurés furent arrêtés avant d'avoir agi (décembre 1825).

79. Le soulèvement des *décabristes* (décembre) se termina par un énorme procès : il y eut 321 accusés, presque tous nobles, 5 condamnés à mort. L'exécution dramatique de Pestel et de Riléief fut un événement célèbre dans toute l'Europe. Cette révolte fit une impression profonde sur le nouveau tsar Nicolas, et le confirma dans son aversion pour le libéralisme européen. Pour surveiller les suspects, on créa sous le nom de *troisième section de la chancellerie* un ministère de la police politique (1826).

XVI. — L'insurrection de Pologne (1830-1832).

80. Nicolas avait accepté d'être couronné roi en Pologne et de porter l'uniforme polonais. Mais il cessa de convoquer la Diète et laissa gouverner la Pologne par des absolutistes qui parlaient de révoquer la charte de 1815 ; l'un d'eux déclara : « Il ne s'agit plus de discuter, mais d'obéir. »

81. Ce régime irritait tous les Polonais, mais sur la conduite à tenir ils se divisaient en deux partis. — Les grands propriétaires, les hauts fonctionnaires, le clergé, aimaient mieux se soumettre au despotisme de Nicolas que d'exposer la nation polonaise à la destruction complète : la Pologne attendrait la mort de Nicolas pour reprendre sa vie constitutionnelle, mais elle conserverait son indépendance. C'était le parti de la prudence, de l'aristocratie, surnommé les *blancs.* — Les jeunes gens, les étudiants de Varsovie, admirateurs de la France et de la Révolution, voulaient la lutte ouverte contre le tsar pour défendre la liberté et aussi pour rétablir la Pologne dans ses anciennes frontières. C'était un parti patriote et démocrate, surnommé les *rouges.* dirigé par des sociétés secrètes en rapport avec les *carbonari.* En 1825 les chefs avaient eu des entrevues avec les *décabristes* de Russie, mais n'avaient pu s'entendre sur la question des limites de la Pologne ; ils furent poursuivis devant le Sénat, qui les acquitta.

82. Jusqu'en 1830 le parti *blanc* contint le parti *rouge.* Mais la Révolution française de 1830, si facilement victorieuse, excita le parti de la lutte. Le tsar rassembla l'armée polonaise pour l'envoyer combattre la Révolution en France et en Belgique. Les révolutionnaires profitèrent de ce moment où l'armée nationale était prête à marcher contre la Révolution, pour l'employer contre le tsar russe. Les élèves de l'école militaire surprirent pendant la nuit le palais de Varsovie. Constantin effrayé s'enfuit à demi-vêtu ; puis, perdant la tête, il se retira hors du royaume, emmenant les troupes russes et les fonctionnaires (novembre-décembre 1830).

83. Les Polonais, abandonnés par le gouvernement russe, envoyèrent des délégués à Constantin pour le prier de revenir ; il refusa. Le parti *blanc,* qui voulait avant tout éviter la guerre, se décida à former un gouvernement provisoire pour maintenir l'autorité du tsar. Chlopicki consentit à prendre le commandement des troupes pour les empêcher de suivre les chefs révolutionnaires ; il prit la dictature « au nom du roi » et écrivit à Nicolas pour faire appel à sa grandeur d'âme, en donnant pour excuse aux Polonais « un concours inouï de circonstances ». Il demandait le retrait de l'armée russe. Le tsar répondit par un manifeste qui exigeait la soumission ou la mort. Aux envoyés polonais il refusa de retirer ce manifeste et de prendre aucun engagement. Les Polonais, disait-il, devaient se fier à la parole de leur souverain, et il ajouta : « Le premier coup de canon sera la ruine de la Pologne. »

84. Le parti de la conciliation *(blancs)* se retira du gouvernement provisoire ; le parti de la guerre *(rouges)* prit la direction. La Diète proclama la déchéance de la dynastie des Romanoff et l'union indissoluble de la Pologne et de la Lithuanie (janvier 1831). Des envoyés officiels allèrent demander du secours aux grandes puissances garantes du traité de Vienne. En Angleterre, Palmerston ne voulut répondre qu'officieusement, et déclara que le Congrès de Vienne n'avait pas garanti la constitution de la Pologne. En France, malgré les manifestations du public, le gouvernement refusa de s'engager dans une guerre ; les Polonais restèrent abandonnés.

85. L'armée polonaise, déjà mobilisée, avait l'avance ; elle entra en Lithuanie. Mais, quand Dibitsch arriva avec sa grande armée (120.000 hommes contre 45.000), les Polonais se replièrent sur la Vistule. Ils résistèrent héroïquement dans cinq batailles (février-mai 1831). Le choléra ralentit les opérations. L'armée russe, renouvelée par des renforts, arriva enfin devant Varsovie. Le général offrit l'amnistie et la Constitution ; les généraux polonais conseillaient d'accepter. Mais le parti démocrate dominait dans Varsovie ; il venait de massacrer les suspects enfermés dans les prisons ; il refusa de traiter avec les Russes. Varsovie fut bombardée et capitula (septembre 1831). La Diète se retira ; les restes de l'armée polonaise passèrent en Russie et en Autriche. Une forte émigration polonaise, composée surtout de nobles, vint s'établir en France.

86. La Pologne resta sous une dictature militaire. Nicolas lui enleva son indépendance par un oukase : « La Pologne fait désormais partie de l'Empire et ne doit former avec la Russie qu'une seule nation. » Il abolit la charte de 1815, qu'il remplaça par le *Statut organique* de février 1832. Il supprima la Diète et l'armée polonaises, et donna le pouvoir au gouverneur russe, à des fonctionnaires russes et à une section du Conseil de Saint-Pétersbourg. — Il promettait de laisser encore au peuple son Église, sa langue et son administration distincte ; mais cette promesse, que rien ne garantissait, ne fut pas tenue.

87. Paskiewitch, devenu vice-roi de Pologne, conserva jusqu'à sa mort (pendant vingt-cinq ans) un pouvoir absolu ; il s'entoura de fonctionnaires et d'officiers russes et maintint le royaume sous un régime de terreur militaire. Ordre fut donné d'illuminer en l'honneur du Statut organique ; 286 émigrés furent condamnés à mort ; leurs domaines furent confisqués et distribués à des généraux russes orthodoxes. Le gouvernement supprima l'Université de Varsovie et supprima la plupart des établissements d'instruction. Il interdit toutes les associations, même les sociétés de lecture, ne laissant subsister que la Société hypothécaire. Il défendit toutes les réunions, excepté les soirées privées, à condition de limiter le nombre des invités et de recevoir des agents de surveillance. Il soumit les livres et même la musique à une censure qui ne laissait pénétrer aucun livre étranger ; il rendit la langue russe obligatoire pour tous les fonctionnaires. Il fit juger par des commissions militaires tous les procès politiques, et même d'autres. En 1835, Nicolas prononça à Varsovie un discours célèbre : « Si vous vous obstinez à conserver vos rêves de nationalité distincte, de Pologne indépendante, et toutes ces chimères, vous attirerez sur vous de grands malheurs. J'ai fait élever une citadelle, et je vous déclare qu'à la moindre émeute je ferai foudroyer la ville. »

XVII. Le régime de Nicolas (1825-1855).

88. Depuis Pierre le Grand les tsars avaient conservé le régime absolutiste, mais, indifférents en religion, ils admiraient les monarchies de l'Europe civilisée et cherchaient à les imiter. Nicolas n'eut pas seulement l'horreur des constitutions et du régime libéral, il eut le mépris de la vie européenne. Orthodoxe convaincu, il considéra comme un devoir religieux d'écarter de la « Sainte-Russie » les idées des hérétiques d'Occident. Son règne, qui fut long (1825-1855), se distingua des précédents par une tentative pour rompre avec la civilisation occidentale et ramener la Russie à l'ancien régime russe.

89. Les communications avec l'Europe furent rendues difficiles ; les étrangers (ceux qu'on laissait entrer en Russie) étaient surveillés par la police ; tous les livres et journaux étaient arrêtés à la frontière par la censure. La loi russe ne reconnaissait pas (et ne reconnaît pas maintenant encore) aux sujets du tsar le droit de sortir de l'Empire ; sous Nicolas, il fallait une autorisation personnelle du tsar ; il la donnait rarement et pour cinq ans au plus ; émigrer était (et est encore) un crime passible de déportation et de confiscation.

90. Les Russes, isolés du reste du monde, se replièrent sur eux-mêmes. La littérature, jusque-là imitée de l'Occident, prit un caractère russe ; elle commença par exprimer un sentiment patriotique d'admiration pour la vieille Russie. Sous Nicolas parurent les premiers romanciers russes originaux. Alors fut composé l'hymne officiel *Dieu protège le tsar!* et l'opéra national *la Vie pour le Tsar.*

91. Nicolas semble s'être dévoué à l'œuvre de reconstituer la vieille Russie orthodoxe. Mais comme les fonctionnaires n'étaient contrôlés que par d'autres fonctionnaires, le contrôle restait illusoire. La vénalité des employés de tout genre, leur négligence à expédier les affaires, leur insolence à l'égard des administrés, leur servilité envers les supérieurs, devinrent si notoires que le tsar lui-même approuva Gogol de les avoir mis en scène dans la comédie de *l'Inspecteur.* Les sujets n'avaient même aucun moyen de protester, il était interdit aux journaux de discuter aucun acte de l'autorité, défendu aux particuliers de s'occuper d'une question politique. En 1848, à Pétersbourg, des jeunes gens, officiers, employés, professeurs, avaient pris l'habitude de se réunir le soir pour lire et discuter les publications venues d'Europe. La police en arrêta trente-trois (1849) : ils furent condamnés à mort, graciés au moment de l'exécution et envoyés aux travaux forcés : l'un d'eux était Dostoïevsky, qui plus tard a raconté ses souvenirs du bagne.

92. Il y eut aussi sous Nicolas quelques persécutions religieuses, contre la secte des *Vieux-Croyants.* Contre la conversion des orthodoxes à une autre religion, on adopta les lois pénales qui sont encore en vigueur. L'abjuration est punie de confiscation et de huit à quinze ans de travaux forcés : la tentative de convertir un orthodoxe par un sermon ou un écrit, de huit à seize mois de prison, et, à la troisième fois, de la Sibérie : celui qui n'empêche pas la conversion est passible de prison. Tout mariage mixte doit être célébré devant un pope, l'enfant doit être élevé dans l'orthodoxie : tout pasteur qui célébrerait le mariage serait poursuivi. (Cette mesure, abolie en 1865, a été rétablie en 1885.)

93. Sous ce règne commença la tentative de *russifier* par la force les sujets des provinces occidentales. Dans les provinces polonaises de Lithuanie, les paysans uniates (catholiques grecs) reçurent l'ordre de se convertir à l'orthodoxie ; puis une assemblée des évêques grecs unis déclara l'Église uniate affranchie du clergé romain et rendue à l'orthodoxie (1839). — Dans le royaume de Pologne, malgré la promesse du tsar, le gouvernement persécuta les catholiques, fermant les églises ou les couvents sous des prétextes légaux, interdisant les sermons non autorisés par la censure, défendant d'avoir des précepteurs catholiques. Il travailla à supprimer les restes de l'autonomie polonaise, soumit les écoles au ministère de l'instruction russe (1839), transféra au Sénat de Pétersbourg les fonctions du Conseil d'État et de la Cour de Cassation (1841), et étendit à la Pologne le code pénal russe.

94. A la fin du règne, on s'attaqua même à l'allemand, langue officielle des provinces baltiques. Un oukase (1850) ordonna de rédiger la correspondance du gouvernement en russe et de nommer des fonctionnaires parlant russe. Mais il ne fut pas appliqué.

95. Le « régime de Nicolas » fut dénoncé par toute l'Europe libérale comme une forme achevée du despotisme oriental ; la littérature de ce temps est remplie de malédictions contre « l'autocrate » et son gouvernement. Nicolas symbolisait l'absolutisme en lutte contre la Révolution libérale, lui-même aimait à s'attribuer ce rôle. Souverain militaire avant tout, toujours vêtu de l'uniforme, occupé à faire passer des revues et à surveiller ses troupes, il croyait avoir la meilleure armée de son temps, et pendant la période qui suivit 1848 il sembla l'arbitre de l'Europe et le conquérant futur de l'Empire ottoman. La guerre de Crimée montra qu'il manquait à cette armée une direction, un matériel, une intendance, tout ce qui exige des habitudes d'ordre et de contrôle. Vaincu par les Occidentaux qu'il méprisait, Nicolas mourut désespéré et son régime s'écroula (1855).

XVIII. — Réaction libérale contre le régime de Nicolas.

96. Alexandre II parlait de son père avec respect et garda le personnel qui lui avait servi ; mais, en souverain humain et instruit, il répugnait à conserver le régime de compression et d'isolement : il revint donc à l'imitation des sociétés civilisées d'Europe. Sans vouloir s'engager par une constitution, il annonça l'intention de faire des réformes, et fit appel aux nobles pour le seconder.

97. Aussitôt apparut une opinion publique, jusque-là restée cachée ; elle se manifesta chez les nobles instruits et les étudiants, ce qu'on appelle en Russie l'*intelliguenzia* (la partie intelligente de la nation). La guerre de Crimée avait brusquement changé le ton de la société : les *tchinovniks* (fonctionnaires), responsables des malversations et des négligences que la défaite venait de révéler, avaient perdu leur assurance, et n'osaient plus empêcher de critiquer leurs actes. La censure n'était pas supprimée, mais ne se sentant plus soutenue elle se relâchait. Aucun journal publié en Russie ne pouvait encore parler librement, mais un réfugié, Herzen, faisait paraître à Londres un journal, le *Kolobol* (la Cloche), dont les numéros, quoique prohibés, pénétraient par milliers en Russie ; Alexandre II lui-même le lisait pour être informé des abus de pouvoir. (On dit qu'un fonctionnaire dénoncé dans un numéro fit parvenir au tsar un numéro falsifié où l'article était supprimé ; quelque temps après, le tsar reçut de Londres une lettre qui contenait l'article, avec explication.)

98. L'*intelliguenzia* était d'accord pour demander des réformes ; mais sur la nature des réformes elle se partageait en deux camps. La grande majorité désirait des institutions libérales à la façon de l'Europe, des assemblées représentatives, une constitution, des garanties de liberté : c'étaient les *occidentaux*, parti libéral, dominant à Pétersbourg. Quelques-uns au contraire, voulaient revenir en arrière jusqu'avant Pierre le Grand, supprimer les importations européennes du xviiie siècle et restaurer les véritables institutions du peuple russe dans sa pureté, l'orthodoxie et l'aristocratie patriarchale ; c'étaient les *nationaux*, parti patriote formé, pendant le régime d'isolement, à Moscou, la vieille capitale dépossédée depuis Pierre le Grand. Cette école historique, très russe, était pourtant aussi une imitation de l'Occident, une forme russe du romantisme : la vieille Russie qu'elle voulait restaurer était une Russie imaginaire à la façon du moyen âge des romantiques : les *boïars* étaient travestis en Assemblée nationale, le *mir* en libre commune primitive.

99. Les deux partis commencèrent par opérer ensemble contre les fonctionnaires ennemis de toute réforme ; ils demandaient plus de liberté de presse et d'enseignement, un contrôle sur les fonctionnaires et surtout l'émancipation des serfs. Alexandre suivit leurs conseils : il rappela une partie des proscrits, diminua la censure et permit de voyager et de séjourner à l'étranger, il prépara l'émancipation des serfs. Sans changer le personnel ni les institutions officielles, il laissa à ses sujets une liberté sans précédent.

XIX. — L'émancipation des serfs (1858-1863).

100. L'acte le plus important du règne fut la réforme de la propriété unie à l'affranchissement des paysans. Si l'on excepte les deux régions extrèmes, le Nord habité par des paysans propriétaires, le Midi parsemé de colonies étrangères ou peuplé de Cosaques, — presque toute la Russie historique (Grande-Russie, Petite-Russie, Lithuanie) était organisée avec la grande propriété et le servage. Ce régime reposait sur trois institutions :

101. 1º La terre formait de grands domaines, les uns appartenant au tsar (domaines de la couronne), ou à la famille impériale (apanages), les autres aux nobles propriétaires (environ 100.000 familles). Les grands domaines absorbaient les neuf dixièmes des terres arables de l'empire. Le territoire du domaine était divisé en deux portions, l'une exploitée directement par le propriétaire, l'autre abandonnée moyennant redevance à un village de paysans.

102. 2º Les paysans étaient fixés à la terre par la loi (depuis la fin du xvɪᵉ siècle) et n'avaient plus le droit de la quitter. Par suite ils se trouvaient liés au propriétaire de la terre, lui payaient des redevances, lui faisaient des corvées, lui obéissaient comme à leur maître. Leur condition était celle des serfs du moyen âge (le mot russe qui les désignait était traduit par *serf*). Mais les propriétaires ne se contentaient pas de se conduire en *seigneurs*, dans le sens du moyen âge ; ils usaient de leur pouvoir, pratiquement illimité, pour se transformer en *maîtres* dans le sens antique. Souvent ils détachaient le paysan de la terre et l'employaient à leur fantaisie. Ils envoyaient des serfs s'établir dans les villes comme artisans ou marchands, en recevaient une redevance périodique, l'*obrok*, et se réservaient de les rappeler à leur gré. Deux millions de serfs environ étaient employés dans la maison du maître à son service personnel : leur condition était celle des *esclaves* antiques. Dans la société russe du XIXe siècle reparaissaient tous les traits de l'esclavage romain : la brutalité sans frein des maîtres, la soumission servile des sujets, les femmes serves livrées à la fantaisie du maître, les hommes serfs dressés par force à tous les métiers, se vengeant par le meurtre et l'incendie (70 au moins par an en moyenne), battus, mutilés, mis à mort. Le tableau est le même dans toutes les descriptions de la vie russe (1).

103. 3° La partie du domaine cultivée par les paysans n'était pas partagée en tenures fixes comme celles des serfs du moyen âge : le serf russe ne possédait individuellement que sa maison : c'était le village tout entier, le *mir*, qui collectivement possédait le sol. Les bois, les pâturages, les eaux restaient en commun : les prés et les terres arables étaient distribués en lots, mais pour un temps seulement (variant de deux à quinze ans suivant les lieux) ; puis remises en commun et redistribuées. — Les Russes connaissaient si mal leur pays que cette coutume n'avait été signalée que récemment, et par un étranger, Haxthausen : mais, aussitôt connu, le *mir* était devenu une des institutions favorites du parti national, une relique vénérable de la vieille Russie, une survivance de la propriété collective qu'on croyait avoir été le régime primitif de l'humanité (2).

104. Cette organisation originale rendait la réforme plus difficile. Alexandre commença par consulter les nobles des provinces : il désirait leur voir prendre l'initiative, mais les nobles voulaient garder leurs serfs. Le tsar tint bon ; il réunit un « comité pour les affaires des paysans » qui prépara un projet. Puis la question fut posée officiellement par un rescrit au gouverneur de Wilna : le tsar, parlant comme si les nobles lithuaniens acceptaient la réforme, les autorisa à former des comités pour « améliorer le sort des paysans » (novembre 1857) ; il le fit savoir aux nobles des autres provinces et les obligea à former aussi des comités pour discuter son projet.

105. Une déclaration (1858) posa les principes de la réforme : les paysans rachèteraient au seigneur leurs maisons avec les jardins et une étendue de terres suffisante pour vivre ; l'État les aiderait à payer cette indemnité. Le tsar donna l'exemple en affranchissant les serfs des apanages, qui devinrent ensuite propriétaires de leurs terres moyennant

---

(1) Le plus frappant est celui de Tourgueneff, *Souvenirs d'un chasseur*.

(2) Il est probable que le *mir* est une institution récente, créée, comme toutes les autres institutions russes, par l'ordre du tsar, pour faciliter la perception de l'impôt en rendant le village responsable collectivement ; il ne paraît pas nettement dans les documents avant le XVIe siècle et il n'était pas organisé anciennement en Petite Russie. (Voir Keussler.)

une annuité payable pendant quarante-neuf ans (règlement de 1803) (1). Pour les serfs des propriétaires, l'opération, entravée par la résistance passive de la noblesse, dura plus de trois ans. Elle se termina par l'oukase du 19 février 1861 qui abolissait définitivement le servage.

106. Les serfs détachés de la terre (domestiques et serfs à l'*obrok*) furent déclarés libres, sans propriété ; ils entraient dans la condition des prolétaires d'Europe. La situation des paysans, beaucoup plus difficile à régler, avait obligé à résoudre trois questions.

107. 1° *Droit du paysan sur la terre*. Les nobles, propriétaires légaux du sol, auraient voulu garder toute la terre. Les paysans se regardaient comme légitimes possesseurs de cette terre qu'ils cultivaient de génération en génération et dont ils ne pouvaient pas être expulsés. Les serfs d'un village répondaient à leur maître qui leur offrait la liberté à condition de reprendre la terre : « Nous sommes à toi, mais la terre est à nous. » L'affranchissement dans le grand-duché de Varsovie (1807) et les provinces baltiques (1816-20) avait consisté à déclarer les serfs libres et le seigneur seul propriétaire des terres, et il avait abouti à transformer les paysans en journaliers indigents ou en tenanciers congédiables à volonté. Pour éviter la création d'un prolétariat agricole semblable en Russie, on adopta une transaction. La terre possédée par les paysans fut divisée en deux parts ; le propriétaire en garda une, l'autre fut destinée aux paysans ; ils reçurent le droit de la racheter avec leur maison et leur jardin, mais avec le consentement du propriétaire et moyennant une indemnité calculée assez haut pour compenser la terre qu'ils recevaient et les services dont ils étaient affranchis. L'État avança les quatre cinquièmes de la somme aux paysans sous forme de bons d'indemnité payés aux nobles (2 milliards et demi en tout), les paysans devaient rembourser l'État par une annuité de 6 pour 100 pendant quarante-neuf ans. La part attribuée à chaque paysan et l'indemnité variaient d'après la valeur du terrain (2).

108. 2° *Régime de propriété des paysans*. Fallait-il établir la propriété individuelle ? La mode était alors de parler des dangers que le prolétariat faisait courir aux sociétés occidentales ; on espéra les éviter en maintenant la communauté du *mir*. Sous l'influence de Miliutine, on décida qu'en principe la terre serait donnée non au paysan individuellement, mais collectivement à la commune, en donnant le droit à

____

(1) Les paysans des domaines de la couronne, traités déjà non en serfs, mais en fermiers attachés au sol, furent transformés en fermiers libres à long bail, avec droit de racheter leur terre (1866).

(2) Il y eut 4 règlements régionaux différents : 1° Grande Russie, Sud Est et partie de la Russie Blanche divisés en trois zones (terres du nord, terre noire, steppe) ; 2° Petite Russie ; 3° Gouvernements du Sud Ouest ; 4° Gouvernement du Nord-Ouest (Lithuanie).

la commune (par une décision prise aux deux tiers des voix) de la distribuer en propriété individuelle à ses membres.

109. 3° *Droits des nobles sur le paysan*. Les nobles désiraient conserver la police de leurs paysans comme dans les provinces baltiques. Le tsar préféra enlever toute autorité légale aux anciens maîtres et donner la police à des assemblées de paysans. Le *mir*, formé des chefs de famille, présidé par un ancien du village, décide l'admission de membres nouveaux dans la commune, règle le partage des terres et répartit les taxes; il peut infliger des peines corporelles et même exclure de la communauté (peine très grave, car le paysan exclu est exilé au loin, souvent en Sibérie). — Le *volost*, réunion d'un groupe de villages, a une assemblée de délégués, un chef élu et des collecteurs, un secrétaire chargé de la répartition des charges, des routes, des écoles, de l'assistance publique; et un tribunal élu qui juge les petits procès d'après le droit coutumier et peut condamner à la prison ou aux coups.

110. L'oukase de 1861 posait d'un seul coup les principes de la réforme, mais en donnant du temps pour les appliquer et en créant des tribunaux spéciaux pour les partages et les indemnités. On comptait que le rachat serait terminé en vingt ans. L'opération fut plus lente que les prévisions; en 1882 il restait encore un million et demi de paysans qui n'avaient pas racheté. — Le résultat économique ne répondit pas d'abord à l'attente. Les nobles avaient fait évaluer trop haut leur indemnité et trop bas la quantité de terre nécessaire à la subsistance d'un paysan. L'indemnité, de 8 à 10 roubles annuellement par lot, dépassait la valeur de la terre; dans les gouvernements du centre les lots étaient inférieurs à cinq hectares: un tiers des paysans avaient moins de trois hectares. Les habitants, ne pouvant vivre sur leur terre, émigraient ou allaient au loin louer leur travail. Ainsi se formait le prolétariat agricole. On avait cru l'éviter par le régime du *mir*. Mais le *mir* tend à se dissoudre de lui-même, à mesure que la population augmente, car la terre manque pour les nouveaux venus, les anciens possesseurs conservant chacun son lot: en 1882 on évaluait à 10 pour 100 le nombre des familles sans terre dans le gouvernement de Moscou. — Les indemnités payées aux nobles (700 millions de roubles en 1890) n'avaient pas servi à améliorer la culture; les nobles avaient continué à vendre leurs terres aux marchands qui les achetaient pour couper les forêts.

111. Cependant l'émancipation des serfs a transformé la société russe. En donnant à la masse de la population la liberté légale et l'administration de ses affaires communales, elle a fait de la nation russe une nation moderne. Elle l'a préparée à se délivrer des habitudes d'arbitraire, de servilité et de paresse produites par une longue pratique de l'esclavage, et lui a assuré les conditions légales d'une activité privée et d'une administration publique régulière. Le progrès économique s'est marqué après la mort d'Alexandre II par l'augmentation de l'étendue des terres cultivées, du prix des terres, du rendement des impôts, de la valeur des exportations, et par l'amélioration du genre de vie des paysans.

XX. — Réformes libérales d'Alexandre II.

112. Après cette grande réforme sociale, les libéraux espéraient une constitution. Alexandre refusa. L'assemblée de la noblesse de Tver ayant demandé la « convocation d'une assemblée nationale de députés de tout l'Empire », 13 membres furent arrêtés. Le tsar s'en tint à une série de réformes partielles qui devaient suffire pour réaliser ce qui semble avoir été son plan : abolir les privilèges et les distinctions de classes, de façon à fondre tous ses sujets en une nation sur le principe d'égalité.

113. 1º La justice était rendue par des fonctionnaires administratifs avec une procédure secrète et écrite, à la façon du XVIIIᵉ siècle. On la mit à la mode du XIXᵉ. Le tsar déclara (1862) le pouvoir judiciaire indépendant de l'administration, suivant la théorie de la séparation des pouvoirs, et le réserva à des tribunaux réguliers organisés en une série d'instances à la mode d'Europe : juges de paix, assemblée des juges de paix (comme en Angleterre), tribunal de district, cour de justice, Sénat faisant fonction de Cour de cassation (comme en France). — Comme en Europe, on créait des procureurs du gouvernement auprès de la cour, un barreau d'avocats, on établissait le jury pour les procès criminels, la publicité des séances de tous les tribunaux et l'inamovibilité des juges. Ces réformes avaient une portée politique; elles établissaient une justice égale pour tous entourée de garanties contre l'arbitraire; elles faisaient des juges de paix des représentants locaux, car ils devaient être élus par les conseils municipaux des villes et par les *zemstvos*.

114. 2º Pour composer le refus de consulter les sujets en matière de gouvernement, on les appela à collaborer à l'administration locale. La mode en Europe était au *self government*, représenté comme le seul fondement solide des libertés politiques. On créa donc (1864) des « assemblées du pays » (*zemstvos*), une assemblée provinciale dans chaque gouvernement, une assemblée de district par district. — Le *zemstvo* de district se composait de députés des trois classes officielles (nobles, villes, paysans) élus par les propriétaires et les bourgeois au suffrage direct censitaire, par les paysans au suffrage à deux degrés. — Le *zemstvo* de gouvernement était élu par les *zemstvos* de district. L'assemblée ne tenait qu'une courte session annuelle et élisait pour trois ans une Commission permanente. Les *zemstvos* devaient s'occuper des « affaires relatives aux intérêts et besoins économiques », routes, ponts, bâtiments, constructions d'églises et d'écoles, assistance publique, prisons, hygiène. Ils avaient le droit d'établir des taxes locales.

115. 3º La censure préventive des livres et des journaux fut abolie dans les deux capitales, Pétersbourg et Moscou (1865), et remplacée par le régime établi en France sous Napoléon III, l'avertissement donné par l'administration, et, en cas de récidive, la suspension. Dans les autres villes on conserva la vieille censure.

116. 4º L'enseignement fut réorganisé à l'européenne. A côté de l'ancien gymnase classique on créa, sur le modèle de la *Realsschule* allemande, un enseignement moderne par les sciences.

117. 5º L'armée fut réformée sur le modèle prussien : le service de vingt-cinq ans fut d'abord réduit en pratique (1865), puis remplacé par le service obligatoire universel, avec un volontariat d'une durée variable suivant le degré d'instruction (1873).

XXI. — L'insurrection polonaise de 1863.

118. Le régime de Nicolas n'avait pas détruit la nation polonaise. Les nobles, retirés à la campagne au milieu de leurs paysans, les femmes, le clergé avaient maintenu le sentiment patriotique dans les générations nouvelles. Les émigrés polonais attendaient que l'Europe intervînt pour rétablir la Pologne ; les aristocrates groupés autour du prince Czartoriski, à Paris, comptaient sur les gouvernements catholiques ; les jeunes gens, entrés dans les partis démocratiques, comptaient sur la Révolution européenne. Les sentiments étaient les mêmes dans les provinces polonaises de Lithuanie annexées à l'Empire russe (qu'on appelait officiellement les gouvernements du Nord-Ouest).

119. Alexandre II ne voulait pas d'une Pologne indépendante. Il dit aux députés de la noblesse à Varsovie (1856) : « Point de rêveries. Soyez unis à la Russie et abandonnez ces rêves d'indépendance, impossibles désormais à réaliser. Tout ce que mon père a fait est bien fait : mon règne sera la continuation du sien. » Mais, en fait, le nouveau gouverneur Gortschakof relâcha le régime de compression.

120. Les nobles polonais étaient restés maîtres des campagnes. Chacun dans son domaine avait la propriété des terres (les paysans n'étaient que fermiers), la police et l'administration du village, le droit de présenter le curé de la paroisse. La *Société agronomique*, fondée en 1855, leur servit de centre de ralliement ; elle eut plus de 5,000 adhérents ; une commission centrale à Varsovie la dirigeait.

121. On attendait d'Alexandre II des réformes libérales en Pologne ; un des chefs du parti aristocratique, le marquis Wielopolski, sur sa demande, lui remettait des mémoires ; mais le gouvernement de Pétersbourg ne fit rien. Les Polonais, lassés d'attendre, commencèrent à manifester (1860-61). Ce furent d'abord des manifestations en masse, passives et silencieuses, pour des anniversaires de la Révolution de 1830, le 29 novembre (soulèvement de Varsovie), le 25 février (bataille de Grochow), le 27 février, devant la Société agronomique, où la foule se laissa charger par les soldats russes, puis l'enterrement des victimes du 27 février. La Société agronomique envoya au tsar une adresse pour réclamer « des institutions émanées de l'esprit national, de ses traditions, de son histoire ».

122. Alexandre, tiraillé entre deux partis, oscilla entre deux politiques : faire des concessions libérales pour apaiser les Polonais, réprimer les manifestations par la force. — En mars 1861, il accorda à la Pologne une direction particulière de l'instruction et des cultes, qu'il confia à un Polonais, Wielopolski, un Conseil d'État, des assemblées provinciales élues. — En avril il supprima la *Société agronomique*; une manifestation pour en demander le rétablissement aboutit à un massacre. — De mai 1861 à juin 1862 le tsar changea cinq fois de gouverneur, nommant tantôt un ami, tantôt un ennemi des Polonais. Les manifestations continuèrent, pour l'anniversaire de l'union avec la Lithuanie et de la mort de Kosciusko; la foule réfugiée dans les églises en fut arrachée par les soldats, le clergé ferma les églises. Les électeurs des assemblées provinciales refusèrent de voter, réclamant une « représentation élue avec libre discussion ».

123. Comme en 1830, les mécontents se divisaient en deux partis, les *blancs*, parti des grands propriétaires, réunis dans la *Société agronomique*; les *rouges*, parti démocrate, recruté d'étudiants, d'officiers et de jeunes gens de Varsovie, dirigé par un comité central secret. Alexandre se décida à donner le gouvernement au marquis Wielopolski, qui acceptait la domination russe pour essayer de sauver l'autonomie polonaise: le grand-duc Constantin, ami des libéraux, fut nommé viceroi. Mais les patriotes polonais voulaient l'indépendance de leur patrie. Les *rouges* regardaient Wielopolski comme un traître: ils essayèrent de l'assassiner (juillet-août 1862). Les *blancs* refusèrent de le soutenir. En réponse à une proclamation de Constantin énumérant les réformes à opérer, une réunion de la noblesse déclara ne pouvoir soutenir le gouvernement que « s'il était national polonais, et si toutes les provinces de la patrie étaient unies par des lois libres ». La noblesse de Podolie et de Lithuanie vota des adresses pour demander la réunion avec le royaume de Pologne.

124. Pour se débarrasser du parti démocratique, Wielopolski imagina de se servir du recrutement militaire. Il ordonna secrètement de prendre les recrues, non parmi les paysans, suivant l'usage, mais dans les villes, sans excepter comme d'ordinaire les étudiants, et en choisissant de préférence les gens « mal notés depuis les derniers troubles ». A Varsovie, les jeunes gens désignés furent arrêtés dans la nuit et enfermés dans la citadelle. Mais la plupart, prévenus à temps, s'étaient sauvés dans les bois (janvier 1863). Ainsi commença le soulèvement de 1863.

125. Ce fut une insurrection toute différente de celle de 1830, une insurrection occulte. Les insurgés n'eurent jamais ni armée, ni gouvernement, ni résidence; ils ne furent maîtres d'aucune ville, le pays resta tout entier au pouvoir des soldats et des fonctionnaires russes. Mais des bandes armées se formaient dans les forêts, apparaissaient brusquement, livraient de petits combats et finissaient par se réfugier sur le territoire autrichien en Galicie. Le comité central secret, établi à Varsovie, imprimait et affichait des proclamations, donnait des ordres, levait des contributions, se comportait comme un gouvernement, et les Polonais lui obéissaient sans que la police russe parvînt à le découvrir (il se réunissait dans les bâtiments de l'Université). Ce comité se déclara d'abord gouvernement provisoire et lança une proclamation contre « le gouvernement étranger de brigands », promettant aux paysans la propriété de leurs terres, aux propriétaires une indemnité aux frais de l'État, à tous les combattants un lot de terre (janvier 1863). Aux Polonais sujets de l'Autriche et de la Prusse il enjoignit de ne faire aucune révolte dans leurs provinces et de « concentrer toutes les forces nationales contre l'ennemi le plus terrible, le tsar russe », en envoyant aux Polonais de Russie des hommes, des armes et de l'argent (mars 1863). Il nomma successivement deux dictateurs, puis se proclama « gouvernement national ». — Un autre comité secret formé à Wilna s'intitula « gouvernement national » en Lithuanie et déclara le pays partie inséparable de la Pologne (31 mars). — Puis les provinces du Sud-Ouest (Volhynie, Podolie, Ukraine) s'insurgèrent (mai 1863).

126. Le gouvernement secret de Varsovie se mit à publier des journaux et à donner des ordres officiels marqués d'un sceau. Il défendit de payer les impôts aux Russes, d'accepter l'amnistie partielle, d'aller au théâtre, de chanter dans les églises et de sonner les cloches; il ordonna de prendre le deuil, établit un emprunt forcé et une contribution. On lui obéit. — Il créa dans chaque cercle un tribunal révolutionnaire de trois membres pour juger les actes nuisibles à la cause nationale; le tribunal de Varsovie condamna et fit exécuter, c'est-à-dire assassiner, une dizaine d'agents russes.

127. Les Polonais ne comptaient pas délivrer leur pays avec leurs propres forces, ils espéraient une intervention des puissances d'Europe. Mais Bismarck, qui gouvernait la Prusse, aida le gouvernement russe en signant une convention secrète fermant la frontière prussienne aux insurgés; le *Landtag* l'accusa même de livrer les réfugiés. Les trois autres grands États, France, Autriche, Angleterre, s'entendirent pour faire des observations au gouvernement sous la forme de notes identiques. Ils demandaient « six points » : 1° l'amnistie, 2° une représentation nationale législative; 3° une administration nationale formée de fonctionnaires polonais; 4° liberté complète de religion; 5° le polonais comme langue officielle; 6° un système régulier de recrutement. Trois fois les gouvernements européens firent cette démarche collective en faveur de la Pologne (avril, juin, août 1863). Mais ils ne tenaient pas assez à leurs réclamations pour les appuyer par des actes. Le gouvernement russe se borna à répondre qu'il n'était pas lié par les traités de 1815 dans le gouvernement de la Pologne et que l'insurrection, œuvre du « parti du désordre », n'était soutenue que par l'espoir d'une intervention.

XXII. — Répression du mouvement national polonais.

128. En Russie, les libéraux avaient d'abord été favorables aux Polonais qui réclamaient comme eux la liberté politique; Herzen prit parti pour eux, les étudiants de Pétersbourg assistèrent à un service funèbre pour les victimes de Varsovie, Bakounine forma un corps de volontaires. Mais le petit parti national russe de Moscou se déclara pour le gouvernement contre les insurgés. Katkoff, rédacteur de la *Gazette de Moscou*, l'ennemi des Européens, attaqua les Polonais comme de faux frères slaves, qui combattaient le seul État capable de faire triompher l'idée slave, comme des aristocrates et des ennemis de la religion orthodoxe. La prétention des Polonais de reprendre la Lithuanie, pays en partie russe et orthodoxe, lui servit à exciter le patriotisme russe. Un mouvement d'opinion, manifesté par des adresses au tsar, poussa le gouvernement à une croisade patriotique et religieuse contre les Polonais. La répression prit un caractère russe et orthodoxe et fut plus systématique qu'en 1832.

129. Elle commença par les provinces de Lithuanie. Mouravief, nommé gouverneur général des quatre gouvernements lithuaniens (mai 1863), soumit le pays à une « administration civile militaire ». Dans chaque district un officier, appelé préfet de guerre, investi d'un pouvoir absolu, fut chargé de surveiller toutes les autorités, tout le clergé et tous les propriétaires; il devait destituer tout fonctionnaire, arrêter et envoyer au conseil de guerre tout individu suspect d'avoir aidé les insurgés ou même de ne pas les avoir dénoncés, mettre sous séquestre les domaines de quiconque aiderait les insurgés ou essayerait de renverser le gouvernement. Mouravief écrasa systématiquement l'aristocratie polonaise: il imposa une taxe de 10 pour 100 du revenu sur les domaines des nobles, payable en huit jours sous peine de vente mobilière. Contre les propriétaires polonais catholiques il employa leurs paysans orthodoxes; tandis qu'il désarmait toute la population, il créa des corps armés de paysans et les envoya à la poursuite des insurgés, leur promettant une prime par prisonnier. Il distribua les biens des nobles insurgés aux paysans, de préférence à ceux qui s'étaient signalés dans la répression. Tous les insurgés pris en armes étaient exécutés dans les vingt-quatre heures et il était interdit de porter leur deuil. Ordre fut donné aux propriétaires de rester dans leur domaine, ils furent rendus responsables de tout acte d'insurrection sur leurs terres.

130. Le soulèvement écrasé, Mouravief se mit à unifier la Lithuanie. Il déclara le russe seule langue de l'administration (février 1864); puis il ferma les librairies et imprimeries polonaises, interdit de bâtir ou réparer des églises catholiques sans autorisation spéciale. Il fut plus tard ordonné de donner l'instruction religieuse catholique en russe. Puis on interdit la langue polonaise et les lettres latines, même dans la vie privée : ce fut un délit pour un marchand de répondre à un client en polonais. Mouravief fut surnommé par les Polonais le « bourreau de Vilna »; mais les patriotes russes l'acclamèrent et une fête annuelle fut créée, en souvenir de la délivrance de la Lithuanie de la domination de la noblesse polonaise.

131. Dans les provinces du Sud-Ouest, les gouverneurs russes réprimèrent par des procédés analogues le mouvement polonais, arrêtèrent les nobles patriotes, les envoyèrent et Sibérie et remplacèrent les fonctionnaires indigènes par des Russes orthodoxes. L'Église des Grecs-Unis fut ramenée à l'Église orthodoxe.

132. Dans le royaume de Pologne, le gouverneur investi de la dictature militaire fit cerner Varsovie et fouiller toutes les maisons sans découvrir le Comité central (septembre 1863). Il se vengea en imposant une contribution extraordinaire et en faisant arrêter des centaines de suspects. Les Polonais, ne se sentant pas soutenus par l'Europe, cessèrent alors de combattre (février 1864). Enfin on arrêta les membres du Comité et on les pendit (août 1864).

133. Les patriotes polonais, suspects de sympathie pour l'insurrection, furent arrêtés dans tous les pays polonais et déportés en masse en Sibérie, comme transportés libres ou comme condamnés aux travaux forcés dans les mines. Une « Commission de gouvernement », investie du pouvoir absolu, fut chargée de réorganiser la Pologne ; le directeur se donna pour rôle « de déraciner la civilisation latine pour la remplacer par une civilisation vraiment slave ». On détruisit toutes les institutions propres à la Pologne, puis on la divisa en 10 gouvernements et 85 districts comme le reste de l'Empire et avec le même système d'administration (1867). Les directions furent transportées de Varsovie à Pétersbourg.

134. Le patriotisme polonais s'était montré surtout chez les nobles, les étudiants et le clergé : il était maintenu par la langue polonaise et la religion catholique qui donnaient aux Polonais le sentiment d'appartenir à une nation différente des Russes. Le gouvernement russe voulut extirper le polonais, il fit du russe la langue de l'enseignement à l'Université de Varsovie, dans les collèges secondaires, dans les écoles primaires ; il interdit le polonais dans tous les actes d'administration, puis dans la justice (1876), puis dans les églises, les enseignes, les affiches.

135. Pour affaiblir le clergé on supprima la plupart des couvents (1864). Sur 155 couvents d'hommes avec 1635 membres il en resta 25 avec 360; de 42 couvents de femmes avec 549 religieuses, 10 avec 140 religieuses. Ne pouvant détruire le clergé séculier, on le soumit à une surveillance politique et on sécularisa ses domaines qu'on remplaça par un traitement d'Etat (1865). Le Concordat avec le Pape fut abrogé (1866) malgré les réclamations de Pie IX, et l'administration de l'Eglise catholique remise au collège ecclésiastique de Pétersbourg. Ordre fut donné au clergé grec-uni d'employer la langue russe et de supprimer tout rite catholique romain. Puis l'Eglise uniate de Pologne fut détachée de Rome et ramenée à l'Eglise orthodoxe.

136. Pour détruire le pouvoir des nobles dans les campagnes, on se décida à une réforme agraire radicale (mars 1864). Les paysans des domaines de la couronne, du clergé et des nobles, furent déclarés *propriétaires* de leur maison, leur bétail et leur terre dont ils n'étaient que tenanciers. Toutes les redevances et corvées furent abolies et remplacées par une taxe annuelle calculée très bas (2/3 de la valeur pour les corvées, 4/5 pour les redevances). L'Etat recevait la taxe et indemnisait les propriétaires par une annuité de 5 p. o/o pendant 42 ans. Le village devenait une commune, administrée par l'assemblée des paysans, un maire, des adjoints et un tribunal sommaire, tous élus; le curé et le noble étaient exclus de l'assemblée. Ainsi les nobles perdaient la moitié environ de leur revenu et tout droit sur leurs anciens paysans. Les paysans non seulement devenaient d'un seul coup indépendants du seigneur et maître de leurs affaires, mais ils recevaient plus de terres avec moins de charges que les paysans de Russie. — Une autre mesure de russification fut d'interdire aux Polonais d'acquérir des terres en Pologne.

137. Il ne semble pas que le gouvernement ait réussi à russifier le peuple polonais. Mais il n'a pas rétabli les anciennes institutions, et la Pologne est restée sous un régime d'état de siège, administrée sans contrôle par les généraux et les fonctionnaires russes.

XXIII. — Retour à l'absolutisme en Russie.

138. Les mesures libérales d'Alexandre II n'avaient jamais été acceptées sincèrement par les fonctionnaires habitués à administrer sans publicité ni contrôle. Le tsar lui-même avait hésité, les fonctionnaires en avaient profité pour revenir par moments au régime antérieur. Dans les règlements pour l'émancipation des serfs ils avaient fait fixer pour l'étendue des lots de terre et l'indemnité de rachat des chiffres désavantageux aux paysans, et ils retardaient les opérations du rachat. En 1862 un « Comité central de révolution » ayant publié une proclamation contre la famille impériale, et plusieurs incendies ayant éclaté à Pétersbourg, le gouvernement fit fermer les cercles et les cabinets de lectures, suspendre quelques journaux et arrêter Tschernyschewski, écrivain démocrate, l'auteur du célèbre roman *Que faire?* qui fut condamné à quatorze ans de travaux forcés. De jeunes démocrates avaient organisé des écoles du dimanche pour instruire les enfants pauvres, le gouvernement les fit fermer.

139. Après le soulèvement polonais, le parti national se mit à maudire les institutions européennes et à déclarer le régime autocratique nécessaire pour faire l'unité de la Russie. Quand l'assemblée de Moscou pria le tsar d'accorder une constitution représentative, Alexandre répondit : « Le droit d'initiative m'appartient exclusivement, et est lié inséparablement au pouvoir autocratique que Dieu m'a confié... Personne n'a qualité pour me présenter des requêtes sur les intérêts et les besoins généraux de l'État. » Les *zemstvos* essayèrent de s'occuper des affaires locales, de contrôler les fonctionnaires, et même d'émettre des vœux politiques. Mais le gouvernement s'en défiait, il ne laissait publier leurs délibérations que revues par le gouverneur, il interdisait les vœux politiques et suspendait ou fermait leur sessions. Il donnait au gouverneur le pouvoir de suspendre toutes leurs décisions quand il les jugeait contraires au bien de l'État. Ainsi entravé, le *zemstvo* ne devint pas une institution de *self gouvernment* comme on l'avait espéré, il resta sous la domination des fonctionnaires.

140. La réforme de la justice devait donner aux sujets des garanties contre l'arbitraire et faire disparaitre les tribunaux exceptionnels et secrets. Mais, à la première occasion que le gouvernement eut d'appliquer le nouveau régime à un crime politique, il recula. Un exalté, Karakosof, membre d'une société secrète, avait tiré sur le tsar; au lieu de l'envoyer devant le tribunal ordinaire, on le fit juger secrètement par une commission spéciale, suivant l'ancien usage. Ce précédent tourna en coutume; dans les procès politiques on continua d'employer des commissions exceptionnelles jugeant secrètement sans garantie pour l'accusé. Ce procédé fut réglementé 1871; dans toute affaire politique, le ministre de la justice décidait si l'on devait procéder par voie judiciaire devant le jury ou par voie extraordinaire devant une commission secrète; presque toujours on évitait le jury. Pour les accusés politiques il n'y avait ni publicité ni garantie, la police les enlevait et ils restaient en prison préventive indéfiniment, dans des prisons semblables à celles du xviiie siècle, sombres, humides et infectes, livrées à l'arbitraire des geôliers. Les fonctionnaires pouvaient même se passer de formalités judiciaires, la loi russe ne garantit pas le libre choix du domicile, elle donne aux fonctionnaires le pouvoir d'assigner aux sujets du tsar leur résidence dans un lieu quelconque de son Empire (y compris la Sibérie). Les fonctionnaires russes font enlever et transporter en Sibérie *par voie administrative* les individus d'opinions suspectes, parfois même, les accusés jugés et acquittés. Le transport se fait d'ordinaire par *kibitka* (carriole sans ressorts) d'où le nom populaire de « justice de *kibitka* » — et les familles ignorent souvent où le suspect a été interné (1).

141. La liberté de la presse dans les deux capitales fut rendue illusoire par les avertissements et les suspensions. Les journaux ne purent publier que ce qu'il plaisait aux fonctionnaires de laisser passer ; il ne resta que des journaux politiques officieux et l'organe de Katkoff, chef du parti autocratique, la *Gazette de Moscou*.

142. L'enseignement fut mis sous la direction d'un nouveau ministre de l'instruction, un absolutiste, le comte Tolstoï (2). Il bouleversa les études secondaires, supprimant les sciences, considérées comme révolutionnaires, et les remplaçant par les langues anciennes. Dans les universités, il empêcha les étudiants de former des associations, et, quand ils se réunirent pour réclamer, les traita comme des révoltés (1869). On finit par créer des inspecteurs exprès pour les surveiller.

XXIV. — Les partis d'opposition.

143. Le retour graduel au régime absolutiste fut une vive déception pour l'*intelliguenzia*. L'enthousiasme des premières années du règne fut suivi d'un mécontentement profond. Il se forma une opposition qui peu à peu devint révolutionnaire. Cette évolution, commencée dès 1861, peut se diviser en trois phases : le mécontentement critique libéral jusque vers 1863, le mouvement socialiste jusque vers 1869, le mouvement socialiste jusqu'en 1875, enfin le terrorisme révolutionnaire.

144. 1° Dans les années qui suivirent la réforme de 1861, les mécontents étaient surtout les admirateurs de l'Europe, des nobles aristocrates libéraux, des jeunes gens, des étudiants démocrates humanitaires. Ils auraient voulu des réformes plus profondes, une constitution européenne, une assemblée de représentants (les nobles la demandèrent *officiellement* dans plusieurs provinces), la liberté complète de la presse, la liberté de religion. Ils se plaignirent ensuite que les réformes décrétées n'étaient pas appliquées. Le mécontentement fut d'abord théorique et vague, une sorte de découragement général. — Puis, la réforme ayant avorté, les Russes cultivés, réfléchissant sur l'état social de leur pays, le trouvèrent désespéré et désespérèrent de tout. Ils ne formaient pas un parti d'action (les sociétés secrètes étaient paralysées par les poursuites de 1862 à 1864) ; ils se bornaient à une critique pessimiste de la

---

(1) Ce régime de transportation et d'internement par autorité administrative est décrit par le journaliste américain Kennan, qui l'a vu fonctionner. Son livre *Sibérie*, dont la presse française a peu parlé a eu une grande publicité aux États-Unis et en Europe.

(2) Il ne faut pas le confondre avec Léon Tolstoï (comte aussi), le grand romancier, d'opinions libérales et évangéliques.

société en général. La mode était alors aux sciences naturelles et aux philosophes positivistes et matérialistes : on disséquait des grenouilles, on lisait Buckle, Darwin, Büchner. Tourguenef décrivit cet état d'esprit dans son roman *Pères et Enfants* (1862). A ces pessimites cyniques, il donna le surnom de *nihilistes* (1). Le nom devint célèbre dans toute l'Europe et l'on a continué en France à l'appliquer abusivement aux *révolutionnaires* russes. Les mécontents de cette génération faisaient de la critique très destructive, méprisaient la religion, la famille, le gouvernement; mais ils agissaient peu. L'attentat de Karakosof contre le tsar (1866) produisit une impression profonde, c'était le premier tenté par un *Russe*. Le gouvernement répondit par un rescrit contre les doctrines dangereuses qui attaquent toutes les choses sacrées, ruinent les fondements de la famille et de la propriété, de l'obéissance à la loi et du respect des autorités. De ce rescrit, date le retour définitif au régime absolutiste. Les mécontents menacés se réfugièrent à l'étranger.

145. 2° A l'étranger les réfugiés adoptèrent les idées socialistes. Elles commencèrent à entrer en Russie sous deux formes : le socialisme marxiste représenté surtout par Lavroff, l'anarchisme de Proudhon adopté par Bakounine. Mais Bakounine, transformant la doctrine de Proudhon à la mode russe, voulait faire passer la propriété du sol à la commune (*mir*) et déclarait que pour préparer la révolution il fallait réveiller le peuple par des actes violents, des émeutes et des attentats. Un révolutionnaire, Netchajew, créa une société dirigée par un comité secret, en faisant croire aux membres que la Russie était couverte de sociétés prêtes à agir; ses héros étaient les brigands nationaux, Razin et Pougatchef. La société ayant assassiné un espion fut découverte et écrasée. Mais la propagande continua. Le mot d'ordre donné par Bakounine fut : « aller dans le peuple », c'est-à-dire se mêler aux gens du peuple pour les exciter à la révolte. Lavroff recommandait aussi de préparer le peuple à faire pacifiquement la révolution économique en faisant son éducation. Une proclamation invita l'*intelliguenzia* à descendre dans le peuple. Plusieurs groupes se formèrent, recrutés surtout d'étudiants et de jeunes filles. Alors commença une période de dévouements obscurs : pour se mêler au peuple, les jeunes gens se faisaient ouvriers et paysans; pour n'être pas trahis par leur peau blanche ils s'exposaient la figure au soleil, se noircissaient les mains avec du goudron; ils parlaient avec leurs compagnons de travail, imprimaient secrètement et distribuaient des écrits de propagande. Tourguenef décrivit dans son roman *Terres vierges* cette « nouvelle génération » de mécontents, si différente des *nihilistes*. Ces socialistes, répandus dans plusieurs provinces, n'avaient ni organisation commune ni tactique

(1) Le mot lui-même n'était pas nouveau, on l'employait en France avant 1848.

uniforme, et n'obtinrent aucun résultat important. Le gouvernement, averti en 1874 par une dénonciation, ordonna une poursuite contre 770 personnes, 265 suspects furent maintenus en prison (1875). Les sociétés secrètes, reconnaissant l'inutilité de la propagande pacifique, cherchèrent à agir sur les paysans en leur annonçant un partage des terres plus équitable; il y eut quelques émeutes locales de paysans mécontents d'avoir reçu une trop petite portion de la terre du village. Les arrestations et les procès politiques continuèrent, celui d'Odessa (1877) comprenait 193 accusés. Les détenus politiques se plaignaient d'être brutalisés dans les prisons. Une jeune fille, Vera Sassulitch, tira sur le chef de la police qu'on accusait d'avoir fait battre des prisonniers; son procès vint devant le jury qui l'acquitta (1878).

146. 3° Alors le mouvement change de caractère, les socialistes violents prennent la direction. Il ne s'agit plus de propager des idées ni même de préparer une révolution sociale; l'expérience a montré que la propagande n'est pas possible sous le régime absolutiste et qu'il n'y a pas en Russie de classe de prolétaires pour aider à une révolution; les mécontents veulent d'abord détruire le régime absolutiste et forcer le gouvernement à accorder une représentation nationale et la liberté de la presse, la révolution sociale viendra plus tard. Les révolutionnaires russes abandonnent provisoirement l'agitation sociale pour revenir à l'ancien programme des libéraux; ils réclament la liberté politique. Mais ils emploient d'autres procédés d'action; à la terreur gouvernementale ils veulent opposer une *terreur* révolutionnaire. Les débris des sociétés secrètes de Pétersbourg et de la Russie méridionale se sont réunis en une société secrète, fortement centralisée à Pétersbourg sous un comité directeur qui décide et prépare des attentats contre les autorités; chaque membre s'engage à exécuter les décrets (mai 1878). Le parti est très peu nombreux, formé de quelques jeunes gens obscurs, étudiants, ouvriers, jeunes femmes, mais fortement organisé pour l'action, avec des imprimeries secrètes, des laboratoires et de l'argent qu'il reçoit en dons ou prend dans les caisses publiques. Il commence par tuer quelques espions. Puis il s'attaque aux fonctionnaires de police et d'administration qui font arrêter ou maltraitent les gens du parti. Le chef de la 3° section (police politique) qui a maltraité les détenus est poignardé en plein jour. C'est un duel entre les *terroristes* et le gouvernement. De 1878 à 1882 il y eut 6 attentats contre de hauts fonctionnaires, 4 contre les chefs de la police, 9 espions tués; 31 révolutionnaires furent exécutés, 8 périrent, 3 se suicidèrent. Le tsar publia un appel à la société russe pour lui demander son aide contre la « bande » révolutionnaire (août 1878). Quelques *zemstvos* répondirent à cet appel en signalant les vices de l'administration et en priant le tsar d'accorder à ses sujets « les mêmes libertés qu'aux Bulgares ».

147. Les terroristes décidèrent de tuer le tsar. Il y eut quatre attentats contre lui, un coup de feu, une mine sous la voie du chemin de fer où devait passer le train impérial, une explosion de dynamite dans le palais d'hiver, enfin des bombes contre sa voiture (mars 1881). Pour lutter contre les terroristes, Alexandre divisa le pays entre 6 gouverneurs généraux investis de pouvoirs discrétionnaires (1879), puis il créa une Commission pour le maintien de l'ordre dans l'État dont le chef, Loris Melikoff, eut une sorte de dictature (1880). Loris Melikoff essaya de gagner l'opinion libérale en graciant des condamnés, en ordonnant une enquête sur les prisons, en interdisant aux gouverneurs les déportations par voie administrative. Alexandre II sembla prêt à revenir au régime libéral ; il renvoya le comte Tolstoï, supprima la 3e section et allait signer un projet de création d'assemblées délibérantes au moment où il fut assassiné. Le *Comité exécutif* terroriste fit savoir alors que la sentence de mort prononcée contre le tsar le 9 septembre 1879 venait d'être exécutée, et engagea son successeur Alexandre III à donner à la Russie un régime libéral.

XXV. — Le régime d'Alexandre III.

148. Alexandre III ne renvoya pas tout d'abord Loris Melikoff, il sembla même approuver la création d'une commission de réforme. Mais il n'avait pas comme son père de sympathie pour l'Europe ; il était, comme Nicolas, russe, orthodoxe, ennemi des idées occidentales. Il prit bientôt pour conseillers les ennemis des occidentaux, le chef du parti nationaliste, Katkoff, le procureur du Saint-Synode de l'Église russe, Pobiédonostsef, et le général Ignatieff. Il proclama sa « foi en la force et la vérité du pouvoir autocratique », qu'il se déclara « appelé à affermir et à défendre contre toute attaque pour le bien du peuple » (manifeste du 11 mai). Et en effet, Alexandre III, pendant tout son règne, a maintenu le régime autocratique comme son aïeul Nicolas. Mais, au contraire de Nicolas, il a tenu à conserver la paix au dehors ; Ignatieff, partisan d'une politique agressive en Europe, a été écarté dès 1882 et le tsar n'a gardé que des absolutistes, Katkoff, Pobiédonostsef ; il a rappelé le comte Tolstoï qui s'était rendu fameux par sa lutte contre la science moderne. Alexandre III s'étant déclaré autocrate, les terroristes recommencèrent la guerre. Ils préparèrent un attentat pour le jour du couronnement à Moscou, mais la police le découvrit. Le personnel terroriste était peu nombreux ; il finit par être tout entier exterminé (vers 1884). Depuis ce temps on a appris par les journaux étrangers que la police a continué à veiller de près sur le tsar, qu'il y a eu plusieurs attentats manqués et des arrestations, quelques-unes, dit-on, parmi les officiers ; mais on ignore si le parti révolutionnaire est resté organisé ; le gouvernement, s'il le sait, a fait le silence.

149. Le gouvernement russe revint à la politique de Nicolas Ier et travailla à détruire l'œuvre d'Alexandre II. Il surveilla étroitement toutes les institutions par lesquelles l'esprit européen risquait de pénétrer en Russie, la presse, l'enseignement, les assemblées locales. La censure préventive des journaux de province fut appliquée de façon à empêcher de publier non seulement les critiques, mais même les informations désagréables aux fonctionnaires (incendies, vols, famines). Quant aux journaux des capitales, le système des avertissements les réduisit à n'être plus guère que des organes officieux. On ne laissa plus parler librement que les journaux du parti autocratique, de façon que l'opinion russe à l'étranger parût représentée exclusivement par Katkoff, l'ennemi des occidentaux et en particulier de la France républicaine.

150. Une censure spéciale examinait les journaux et les livres étrangers et les repoussait ou ne les laissait entrer dans l'Empire qu'après avoir noirci les passages jugés dangereux pour des lecteurs russes. (L'opération, faite au moyen d'un rouleau garni d'encre d'imprimerie, s'appelle familièrement *passer au caviar.*)

151. Le gouvernement essaya de développer l'éducation religieuse en créant des écoles primaires dirigées par les popes ; d'extirper les religions dissidentes de l'Ouest en convertissant à l'orthodoxie les paysans luthériens des pays baltiques et les paysans catholiques des pays polonais ; il poursuivit la secte évangélique des *Stundistes.*

152. Dans les universités quelques professeurs libéraux furent destitués ou déplacés, les étudiants, toujours suspects d'idées révolutionnaires, furent soumis à une surveillance continuelle qui semble avoir eu pour effet d'exciter des troubles fréquents (1884, 1887, 1890). En Russie, les universités sont, comme dans l'Europe du moyen âge, fréquentées surtout par les jeunes gens sans ressources, fils de popes, de petits fonctionnaires, de petits marchands juifs. Ce prolétariat intellectuel inquiétait le gouvernement. Le rapport fait sur l'attentat de 1887 signalait parmi les gens compromis des professeurs et des étudiants non nobles. Une circulaire ordonna de ne plus recevoir dans les écoles secondaires et les universités les enfants des ouvriers et des domestiques.

153. Les juges de paix élus, créés par Alexandre II, furent supprimés dans les campagnes ; on les remplaça par des fonctionnaires nouveaux, les chefs de cantons (1889) nommés par l'État et seulement parmi les *nobles,* chargés non seulement de rendre la justice, mais de nommer et révoquer les chefs des villages et de surveiller les conseils de village. On a voulu mettre ainsi les paysans sous le gouvernement des nobles.

154. L'opposition ne pouvait plus se produire sous aucune forme légale ; mais les journaux étrangers ont annoncé plusieurs fois la découverte de complots, d'imprimeries secrètes, de sociétés politiques ; ils ont reproduit des proclamations lancées par les révolutionnaires, des pétitions adressées au tsar pour lui signaler les abus de pouvoir des fonctionnaires, des protestations contre les traitements infligés aux condamnés politiques.

155. Le règne d'Alexandre III a été une période de transformation économique. Les finances étaient restées embarrassées par les dépenses de la guerre de 1877, la liquidation des opérations de rachat des terres, la crise des blés. Le budget se soldait avec de gros déficits ; le papier-monnaie, qui remplaçait l'or passé à l'étranger, était tombé à moitié de sa valeur nominale. Le déficit avoué dura jusqu'en 1887. Un nouveau ministre des finances Vichnegradzky, protégé de Katkoff, remplaça le déficit par des excédents. Il fit adopter contre les industries allemandes un tarif protecteur presque prohibif. Il remboursa la dette russe placée en partie en Allemagne, au moyen d'une série d'emprunts nouveaux faits en France (depuis 1888) : on estime de 5 à 7 milliards le total des capitaux français prêtés au gouvernement russe. D'après les statistiques officielles, les recettes auraient augmenté entre 1881 et 1891 de 650 à 891 millions de roubles, le trafic des chemins de fer de 42 millions de tonnes en 1885 à 67 millions en 1890.

XXVI. — La russification.

156. La tentative de « russifier » par la contrainte les provinces occidentales avait commencé sous Nicolas Iᵉʳ. Alexandre II se limita d'abord aux pays polonais qui menaçaient de former une nation indépendante et sembla décidé à respecter la langue et la religion des peuples qui demandaient seulement à rester autonomes. Dans les provinces baltiques il arrêta la tentative de russification de Nicolas. En Finlande il convoqua pour la première fois depuis la conquête) la Diète formée des quatre États pour lui faire voter un nouveau régime d'impôt (1863). On y parlait en quatre langues, le gouverneur russe en russe, la noblesse et le clergé en français, les bourgeois en suédois, les paysans en finnois. Mais le parti slave devenu tout-puissant finit par entraîner le tsar dans la lutte contre les langues et les religions étrangères (1). Dès 1867, dans les provinces baltiques, on ordonna de mettre en vigueur l'oukase de 1850 qui rendait le russe obligatoire. Les assemblées des trois provinces protestèrent en invoquant la promesse des tsars de maintenir leurs droits, parmi lesquels « l'usage de l'allemand dans les bureaux du gouvernement et des villes et dans les tribunaux. » On répondit que les tsars en confirmant les droits des provinces baltiques ajoutaient la clause « en tant qu'ils répondent aux institutions générales et aux lois de notre empire », et

---

(1) La persécution s'étend jusqu'aux dialectes russes. Une littérature populaire en dialecte petit russien s'était formée en Ukraine. Le gouvernement russe défendit d'imprimer aucun ouvrage original en petit russien, de jouer, de déclamer ou chanter aucune pièce en petit russien (1876).

que l'usage d'une langue séparée était contraire aux « principes de l'unité » (1867-1870). En fait, la mesure ne fut pas appliquée.

157. Sous Alexandre III, le gouvernement reprit la tentative de russification. En 1885 ordre fut donné aux trois gouvernements baltiques de rédiger leur correspondance en russe : les conseils de Riga et Revel refusèrent, ils furent poursuivis. Ordre aux gymnases de donner au russe la première place dans l'enseignement. La poste exigea les adresses en russe. En même temps recommençaient les mesures contre la religion luthérienne. L'enfant né d'un mariage mixte devait être élevé comme orthodoxe. Les paysans luthériens qui s'étaient laissé convertir à l'orthodoxie par les promesses du gouvernement et voulaient revenir à leur religion primitive étaient arrêtés, les pasteurs qui faisaient pour eux un acte de culte étaient poursuivis pour tentative de conversion d'un orthodoxe. A la protestation du clergé luthérien, Pobiedonotsef répondit : « Le premier devoir de la Russie est de protéger la foi orthodoxe contre les doutes intérieurs et les attaques extérieures... Les religions de l'Ouest ne sont pas encore en Russie dégagées... d'attaques à l'intégrité de l'Empire. La Russie ne peut leur permettre de tenter ses fils orthodoxes. » Enfin vinrent les mesures radicales : ordre aux écoles allemandes d'adopter le russe, ordre de remplacer les enseignes allemandes par des enseignes russes, ordre de n'employer que le russe dans tous les actes publics (1889). Des juges russes remplacèrent les juges allemands. L'Université de Dorpat, centre de la vie intellectuelle des provinces baltiques, fut russifiée, elle reçut l'ordre de faire les cours en russe (1890).

158. En même temps le gouvernement travaillait à expulser les Juifs. Il y en avait près de cinq millions, la plupart dans les provinces de l'Ouest (l'ancien royaume de Pologne), qui conservaient, avec leur religion, restée très formaliste, leur costume, leurs usages et leur langue, un jargon allemand mêlé d'hébraïsmes. On commença par leur interdire le commerce des boissons et l'acquisition des terres (1882). La population, excitée contre les Juifs, pilla et incendia leurs maisons. Pour écarter les Juifs des professions libérales, on fixa (1885-87) la proportion maxima d'Israélites qui pourraient être admis dans les gymnases ou les universités (de 10 à 3 p. 100). Puis on en vint à une mesure d'ensemble. Tous les Juifs restés dans l'intérieur de la Russie durent émigrer dans les provinces de l'Ouest et dans les pays où on les concentrait, il leur fut interdit de posséder ou d'affermer des terres, on les forçait à rester dans les villes où toutes les professions libérales leur étaient fermées (1890). Les ouvriers juifs de Moscou furent arrêtés et reconduits par des soldats (1891). Il y eut des émeutes de paysans contre les Juifs, une émigration juive évaluée à 300,000 âmes.

159. Le grand-duché de Finlande fut le dernier pays atteint par la russification. Alexandre II avait continué à convoquer la Diète tous les cinq ans (Alexandre III tous les trois ans). Elle fut en conflit avec le gouvernement à propos de la loi établissant la censure sur la presse, qu'elle refusa et qu'il imposa par voie administrative (1867), à propos de la réforme des écoles et du budget.

160. Mais la Finlande garda son administration suédoise et réorganisa sa banque (1867), ses tribunaux (1868), son église (1869), ses chemins de fer, ses écoles (1872), son régime communal (1873), sa milice (1878), son droit de bourgeoisie, son assistance publique. Il se forma un parti *finnois* qui obtint du gouvernement de faire du finnois une langue officielle, l'égale du suédois. En 1890, l'autonomie économique de la Finlande (monnaie, douanes et transports) parut menacée ; on avait rédigé aussi un projet de code pénal finlandais réformé sur le modèle russe. La Diète de 1891 réclama contre cette politique et le tsar laissa à la Finlande son autonomie.

XXVII. — Le tsar Nicolas II.

161. La mort d'Alexandre III (nov. 1894) n'a pas changé le régime intérieur de la Russie. Son fils Nicolas II a déclaré plusieurs fois vouloir continuer la politique de son père. Aux députations de la noblesse et des villes (janv. 1895), il a dit : « Que chacun sache qu'avec autant de fermeté que mon inoubliable père je maintiendrai l'autocratie. » Il a traité de « rêve absurde » l'idée que les « *zemtsvos* pourraient prendre part aux affaires de l'État ». Une pétition d'écrivains et de journalistes pour l'adoucissement des lois sur la presse a été rejetée. Le personnel directeur du gouvernement est resté le même, Pobiedonostsef a gardé son influence, et on dit que l'argument décisif en matière d'administration est : « C'est ainsi qu'on faisait du temps du feu tsar. »

162. La principale affaire paraît avoir été la série d'opérations financières destinée à procurer à la Russie la quantité d'or nécessaire pour relever le cours du rouble. — Le seul événement intérieur a été la cérémonie du couronnement à Moscou (1896), où plusieurs milliers d'assistants ont péri écrasés, par la négligence de la police. Les messes en mémoire des victimes de cette catastrophe ont servi d'occasion à une grande manifestation des étudiants de Moscou, suivie d'une répression. Le rapport au gouvernement sur cet incident semble indiquer un mouvement libéral étendu.

163. Malgré les déclarations officielles et les actes du gouvernement, c'est une impression générale que le régime est près de changer. La tsarine, qui jusqu'ici s'est tenue en dehors des affaires publiques, est une princesse allemande habituée à la vie occidentale, et les propos qu'on prête au tsar lui-même indiqueraient qu'il ne croit pas à la durée du régime autocratique.

TABLE

PAGES

L'ÉMANCIPATRICE (imp. communiste), 3, rue de Pondichéry, Paris (XV°) — 1207

www.ingramcontent.com/pod-product-compliance
Lightning Source LLC
LaVergne TN
LVHW011509180726
843503LV00008BA/3635

HELLÉ,

TRAGÉDIE-LYRIQUE,

EN TROIS ACTES,

REPRÉSENTÉE

POUR LA PREMIERE FOIS,

PAR L'ACADÉMIE-ROYALE DE MUSIQUE,

Le Dimanche 3 Janvier 1779.

PRIX XXX SOLS.

AUX DÉPENS DE L'ACADÉMIE.

De l'Imprimerie de P. DE LORMEL, Imprimeur de ladite Académie, rue du Foin Saint-Jacques, à l'Image Sainte Genevieve.

On trouvera des Exemplaires du Poëme à la Salle de l'Opéra.

M. DCC. LXXIX.

AVEC APPROBATION ET PRIVILEGE DU ROI.

Le Poëme est de M.

La Musique est de M. F L O Q U E T.

ACTEURS ET ACTRICES

CHANTANTS DANS LES CHŒURS.

Côté de la Reine.		Côté du Roi.	
Mesdemoiselles.	*Messieurs.*	*Mesdemoiselles.*	*Messieurs.*
d'Agée.	Candeille.	Dubuisson.	Héri.
des Rosières.	Larlat.	d'Hautrive.	Lagier.
Chenais.	Tourcati.	Veron.	Martin.
Constance.	Capoi.	Garrus.	le Grand.
Thaunat.	Hilden.	Rouxelin.	Vanhecke.
Laurence.	Méon.	Duffée.	Tourillon.
Paris.	Cleret.	Sanctus.	Boi.
Lamboley.	Baillon.	St. Aubin.	Huet.
Gavaudan.c.	Fagnan.	Prévot.	Itaffe.
Isidore.	Tacuffet.	Adélaïde.	Jouve.
Eugénie.	de Lori.	Brocard.	Moulin.
	Joinville.		Bouvart.
			Nérat.
			Boulanger.

A ij

ACTEURS.

INO, *Reine de Thebes,* Mlle Duplant.

HELLÉ, *Princeſſe de Colchos,* Mlle la Guerre.

NEPTUNE, *ſous le nom*

   d'ARSAME, M^r. le Gros.

ELPHÉNOR, *Magicien,* M^r. Durand.

ISMENE, *Confidente d'INO,* Mlle Chateauvieux.

IPHISE, *Confidente d'HELLÉ,* Mlle le Bourgeois.

LA VENGEANCE, M^r. Peré.

PEUPLES THÉBAINS.

GUERRIERS.

DÉMONS.

BERGERS.

TRITONS ET NAYADES.

La Scêne eſt à THEBES.

PERSONNAGES DANSANTS.

ACTE PREMIER.

GUERRIERS THÉBAINS.

M. Gardel, 1.

Mlles. Heynel, Théodore.

Mlle Dorival.

M. Nivelon.

M^rs. le Doux, le Breton, Simonet, Olivier.

Mlles. Bigotini, Auguste, Saulnier, Courtois, c.

M^rs. Hennequin, 1., Desplaces, Duchaîne, Henri, Rivet, Dangui, Aubry, Clergé, Desbordes, le Roi, 1er., Gricourt, Perolle.

Mlles. Martin, Jonveau, le Houx, Lablottiere, Puisieux, Camille, Tiery, Gobert, Dauvilliers, Durare, Rey.

ACTE SECOND.

PLAISIRS.

M. Vestris, p. Mlles. Guimard.

M^rs. Barré, Caster.

Mlles. Victoire, Coulon.

M^rs. Giguet, Hennequin, c., Duffel, Largilliere, Clergé, Delahaye, Pladix, Guillet.

Mlles. Henriette, Carré, Courtois, l., Vilette, Thifle, Elize, Thiery, Camille.

ACTE TROISIEME.

TRITONS & DRIADES.

M. VESTRIS, f.

Mrs LEGER, ABRAHAM.

M^llés. BIGOTINI, AUGUSTE.

M^rs. Desplaces, Cafter, Delahaye, Duchaîne, le Bel, Clergé.

Mlles. Aubert, Puifieux, Henriette, le Houx, Dauvillier, la Blottiere.

M^r. DAUBERVAL.

Mlles. ALLARD, PESLIN.

M^rs. Barré, Olivier.

Mlles. Victoire, Coulon.

M^rs. Giguet, Hennequin, c.

Mlles. Thifte, Carré.

HELLÉ,
TRAGÉDIE - LYRIQUE.

ACTE PREMIER.

Le Théâtre représente une Place Publique, ornée
d'Arcs de triomphe.

SCÊNE PREMIERE.

INO, ISMENE.

INO.

NE suis point mes pas, chere Isméne.
Ah! laisse-moi, je ne me connois plus.

Ta douleur augmente ma peine :
Ah ! laiffe-moi, tes foins font fuperflus.

I S M E N E.

Votre douleur me défefpere :
Moi, vous laiffer ! ah ! ne le croyez pas !
Ecoûtez un avis fincere.
Moi, vous laiffer ! je fuis par tout vos pas,
Que les douceurs de l'efpérance
Éloignent de vous le malheur.

I N O.

Je vais chercher dans la vengeance,
Tous mes plaifirs, tout mon bonheur.

I S M E N E.

Enfin, après deux ans d'abfence,
Arfame arrive ; il eft vainqueur.

I N O.

Tu nommes l'ingrat qui m'offenfe,
Tu me rends toute ma fureur.

E N S E M B L E.

ISMENE.	INO.
Que les douceurs de l'efpéran-ce,	Je vais chercher, dans la ven-geance,
Eloignent de vous le mal-heur.	Tous mes plaifirs, tout mon bonheur.

INO

INO, à part.

Frémis de mon courroux, trop superbe rivale.

(*à ISMÉNE*)

Il t'aime... tu mourras. Les apprêts de ces lieux
Annoncent de ce jour la pompe triomphale ;
Et j'ai voulu qu'Hellé préfidât à ces jeux
Pour rendre cette fête à fon amour fatale,
Et confondre à jamais fon efpoir & fes vœux.

ISMENE.

Reine, fongez plutôt qu'ici tout vous comtemple.
Surmontez ce courroux par un fublime effort :
A l'Univers donnez un grand exemple.

INO.

Ifméne, il n'eft plus temps ; & je céde à mon fort.
Athamas en quittant la vie,
Fit venir Hellé dans ma Cour,
Et remit à mes foins cette fille chérie :
J'ai dû remplir fes vœux jufqu'à ce jour.
Mais dois-je confentir qu'un criminel amour
M'enléve le héros, dont je porte la chaîne.
Non, l'ingrate caufe ma peine,
Je veux l'accabler à mon tour.

A I R.

Tranfports jaloux, rage implacable,
Voici le moment d'éclater.

Furie ardente , impitoyable ,
Ne crains pas de me tourmenter.
Malgré l'horreur de mon supplice ,
O barbare divinité !
Je veux devenir ta complice ,
Et t'égaler en cruauté.
Mes fureurs sont trop légitimes ,
Oui , sur un couple que je hais ,
Je veux , multipliant mes crimes ,
Lancer tes plus horribles traits.

Tendre amitié , tu fis autrefois mon bonheur ;
De roses tu semas le printems de ma vie :
Ta voix seule régloit le penchant de mon cœur ;
Et de ta douce paix , mon ame étoit remplie.
Je connois le bien que je perds ,
Même en abjurant ton empire ;
Mais dans la fureur qui m'inspire ,
Je n'implore que les enfers.

I S M É N E.

Reine , contraignez-vous , la Princesse s'avance.

I N O.

Va , ne crains rien , une sûre prudence
M'apprend à maîtriser mon langage & mes traits :

Ne pourrai - je obtenir jamais
Sur mon cœur la même puiſſance ?

SCÊNE II.

HELLÉ, ET LES ACTEURS PRECÉDENTS.

I N O.

DE votre amant vous ſçavez le retour ;
Il arrive en ces lieux ſuivi de la victoire :
Il vient vous préſenter les lauriers de la gloire ;
Parez ſon front des mirthes de l'amour.
Le ſoin du thrône en ce moment m'appelle ;
Celui de préſider aux plaiſirs de ma Cour,
Je le confie à votre zèle.

S C Ê N E III.

H E L L É, I P H I S E.

(CHŒUR des Thébains derrieré le Théâtre.)

LE *CHŒUR.*

CHantons le plus grand des Héros :
Que son nom fameux retentisse :
Il est pour nous un Dieu propice
Qui nous raméne le repos
Par sa valeur & sa justice.

H E L L É.

Je vais voir mon amant , semblable aux demi Dieux
　　Descendre du char de Bellonne.
Chere Iphise , entends-tu ce Peuple qui m'ordonne,
D'adorer le mortel qui nous rend tous heureux.

A I R.

Que je te dois d'encens , arbitre de la guerre !
Tu me rends un Héros, un amant, un vainqueur.
Mars n'est plus à mes yeux le fléau de la terre :
Je ne vois plus en lui que le Dieu du bonheur.
Que dis-je... ah ! malgré moi de secrettes allarmes
　　M'arrachent encor des soûpirs :

De mes plus doux plaifirs
Je ne fçais quelle crainte empoifonne les charmes.

I P H I S E.

Qui pourroit vous caufer de nouvelles frayeurs ?

H E L L É.

As-tu donc oublié la haine & les fureurs
  De mon orgueilleufe Rivale ?
Tu connois Elphénor ; tu connois mes malheurs ;
Tu fçais avec Ino fon union fatale ;
Peux-tu me demander d'où viennent mes terreurs ?

I P H I S E.

Craignez moins Elphénor ; redoutez moins la Reine :
Miniftre du deftin, mais foumis à fa loi,
Que pourroit Elphénor, pour feconder fa haîne ?
  Croyez le Peuple, croyez-moi :
D'Athamas votre pere, on chérit la mémoire :
  On fçait que ce grand Roi
Au généreux Arfame a promis votre foi.

H E L L É.

Tu ne fçais pas encore où peut aller la rage
D'une femme jaloufe, & qu'un refus outrage :
  Hélas ! en cet affreux inftant,
Qu'il accepte, ou refufe une nouvelle chaîne,

Je perdrai toujours mon amant :
S'il ôſe dédaigner la Reine,
D'un refus imprudent, ardente à ſe venger,
Je la vois ſaiſiſſant le poignard de la haîne,
Dans ſon cœur palpitant, tout entier le plonger.

AIR.

Inéxorable ennemie,
Arrête, & dans ta furie,
De mon ſang fais couler les flots ;
Mais pour prix de ſes grands travaux,
Reſpecte du moins la vie
Du plus vaillant des Héros.

Inéxorable ennemie, *&c.*

(*On entend ici le bruit de la Marche.*)

IPHISE.

Les cris de ces Guerriers vous annoncent Arſame.

HELLE.

Oui, c'eſt lui ; je le ſens aux tranſports de mon ame.
Mes craintes, mes ſoupçons, mes pleurs, mon dé-
 ſeſpoir,
Tout diſparoît, tout céde au plaiſir de le voir.

SCÈNE IV.

HELLÉ, IPHISE, NEPTUNE, *fous la
figure d'*ARSAME.

(SUITE *de* GUERRIERS *qui portent des Trophées.*)

(MARCHE *des* GUERRIERS *qui précédent Arfame.*)

(*Les* GUERRIERS *fe rangent au fond du Théâtre.*)

LE *CHŒUR.*

JUfqu'aux Cieux, élevons nos voix :
Chantons, chantons, fa gloire & fes exploits,
    Sous fes traits, fous fes coups,
    Les vaincus tombent tous ;
    Il répand l'épouvante
        Et l'horreur,
    Et la mort effrayante
Vole toûjours devant ce vainqueur.
    Dans ces lieux, avec l'Amour,
    Précédé de la Victoire :
Ce Héros couvert de gloire,
Avec la paix eft de retour.
    De lauriers ornons fa tête,
Préparons lui la plus brillante fête :

Amour, tendre amour,
Dans ce beau jour,
Par tes plus doux bienfaits
Affure fon bonheur pour jamais.

A R S A M E.

Enfin je vous revois ; de mon bonheur extrême
Le fort, charmante Hellé, cèffe d'être jaloux :
Ah! combien je fouffrois quand j'étois loin de vous!
Combien je fuis heureux auprès de ce que j'aime!

H E L L É.

Quoi l'abfence n'a point affoibli votre ardeur !
Arfame, ah ! pardonnez fi je tarde à le croire :
On peut douter de fa victoire
Quand le bien qu'elle affure eft d'un prix fi flateur.

A R S A M E.

Peut - on rompre des nœuds qui furent votre ou-
vrage ?
Non, chere Hellé, non votre image
Ne m'abandonnoit point au milieu des combats.
Elle feule animoit mon courage & mon bras.
C'eft à vous que je dois l'honneur de ma victoire ;
Je viens vous l'offrir en ce jour.
L'Amour m'a conduit à la gloire,
La Gloire me rend à l'Amour.

IPHISE.

I P H I S E.

Seigneur, ce peuple heureux à qui votre courage,
D'une tranquille paix à rendu la douceur,
    Vient vous préfenter pour hommage
    Le fpectacle de fon bonheur.

(On danfe.)

SCÊNE V.

INO, ET LES ACTEURS PRÉCÉDENS.

I N O.

IL eft temps de finir vos jeux :
Allez de vos fuccès rendre graces aux Dieux.

SCENE VI.

I N O , feule.

JE n'écoûte plus que ma rage,
Il ne me refte plus d'efpoir ;
J'ai la perfide qui m'outrage,
J'ai ma Rivale en mon pouvoir.
Je n'écoute plus que ma rage,
Il ne me refte plus d'efpoir.

C

Mais peut-être qu'une couronne
Pourroit toucher Arfame en brillant à fes yeux :
  Peut-être que l'éclat du Thrône
  Pourroit flatter fon cœur ambitieux.

A I R.

O jeune héros que j'adore,
Ne dédaigne pas mes bienfaits,
Si tu trompes mes vœux encore,
Tu me réponds de mes forfaits.

Elphénor de fon art terrible,
M'a promis les fecours puiffants.
Séparons d'abord ces amants.
Loin de l'objet qui rend fon cœur fenfible,
Arfame fe rendra peut être à mes bienfaits.
  Oui, fi pour cette ame infléxible,
  Mon fceptre même eft fans appas :
  Vengeance, contre l'infenfible,
  De ton poignard arme mon bras.
  Comme lui je ferai cruelle,
  Son fang coulera fous ma main,
  Et du moins au cœur du rebelle,
  Ce fer peut m'ouvrir un chemin.

FIN DU PREMIER ACTE.

ACTE SECOND.

Le Théâtre repréſente le Palais d'INO, Reine
de Thebes. Ce Palais s'embrâſe.

SCÊNE PREMIÈRE.

A R S A M E *ſeul parcourant le Théâtre d'un*
air agité.

RÉCITATIF OBLIGÉ.

OU vais-je ? ô Ciel ! où trouver mon amante ?

D'un œil avide & curieux,
Envain pour la chercher j'ai parcouru ces lieux ;
Faut-il languir toûjours dans l'horreur de l'attente?
Sans cèſſe inquiet, allarmé,
Je crains, j'eſpere, je déſire,

C ij

Et dès l'inftant que j'ai formé
Des vœux pour le bien ou j'afpire,
De noirs foupçons viennent détruire
L'efpoir dont je m'étois flatté.
Ne puis-je donc calmer la violence
Des tranfports différens dont je fuis agité ?
    Quoi, j'ai les Mers fous ma puiffance,
    J'appaife les vents déchaîné :
    D'un feul mot les flots mutinés
    Rentrent fous mon obéiffance.
Quoi ! Neptune ne peut calmer la violence
Des tranfports différens dont il eft agité !...
Mais quels foupçons pourroient allarmer ma conf-
    tance !
On m'aime ; rien ne manque à ma félicité.

A R I E T T E.

Ma flamme éclate, & je brave l'orage ;
Je fuis aimé de l'objet qui m'engage ;
    Le calme renaît dans mon cœur.
    Triomphe amour, couronne mon ardeur.
    Unique objet de ma tendreffe,
    L'Amour à nos vœux s'intéreffe ;
    Envain ta rivale t'ourrage,
        Méprife fa rage.
Ma flamme éclate, & je brave l'orage :

Hellé, tu chéris mon hommage,
Ton cœur eſt à moi ſans partage,
Le calme renaît dans mon cœur,
Triomphe amour, couronne mon ardeur.

Mais Ino dans ces lieux s'avance;
Demeurons, eſt-ce à moi de craindre ſa préſence?

SCÈNE II.
INO & ARSAME.
I N O.

S Eigneur, lorſque la paix dans le ſein des plaiſirs
Enchaînoit à ma Cour votre illuſtre courage,
La main d'Hellé fut le ſeul avantage
Où ſe devoient borner tous vos déſirs;
Mais aujourd'hui que la victoire
Peut vous placer au rang des Rois les plus fameux,
On doit eſpérer que la gloire
Pour des nœuds plus brillans rompra vos premiers
nœuds.
A R S A M E.
Reine vous connoiſſez combien Hellé m'eſt chere.
I N O.
Préférez-vous au thrône une ardeur paſſagere?
Auroit-elle pour vous un charme ſi flateur,

Et le foin de veiller au bonheur de la terre,
Ne vous paroît-il pas plus digne d'un grand cœur?

A R S A M E.

Ah ! la gloire n'a point de charmes,
Son laurier eſt trop acheté,
S'il faut qu'il en coûte des larmes
A la beauté.

I N O.

Quoi ! ſi dans ce grand jour une Reine puiſſante
Vous offroit ſon ſceptre & ſa main,
Toujours fidéle à votre amante,
Vous pourriez refuſer un auſſi beau deſtin...

A R S A M E.

J'en jure par le ſtix, j'en jure par moi-même,
Pour m'engager à trahir ce que j'aime,
On m'offriroit envain
Du ſouverain des Dieux la puiſſance ſuprême.
Qu'eſt-elle au prix du cœur de la beauté que j'aime!
La beauté qui ma ſçu charmer,
Eſt le ſeul bien que je déſire,
Tout mon bonheur eſt de l'aimer,
Et lui plaire, vaut un empire.
Arſame oſe élever ſes vœux

Même au-deſſus du diadême,
Hellé le met au rang des Dieux
Quand Hellé lui dit, je vous aime.

I N O.

Je voulois d'un héros éprouver la conſtance,
Je vois que ſes vertus égalent ſa vaillance ;
Le prix que je lui dois eſt de le rendre heureux.
De l'eſpoir le plus doux que votre cœur jouiſſe ;
Et puiſque votre amante a pour vous tant d'attraits ,
Je conſens qu'aujourd'hui votre himen s'accompliſſe,
Allez de cette fête ordonner les apprêts.

(ARSAME ſe retire.)

SCENE III.

I N O ſeule , regardant ſortir ARSAME.

VA, cours ingrat , cours à ta perte ;
Frémis de m'avoir fait rougir :
La main que je t'avois offerte ,
Ne cherche plus qu'à te punir.
L'amour jaloux jure ta perte ,
Et rien ne peut t'en garantir.

S C Ê N E I V.

I N O *&* E L P H E N O R.

I N O.

Toi, dont la suprême puissance
M'a promis d'heureux secours.
Viens Elphenor ! accours… accours !..
C'est trop différer ma vengeance :
Viens punir la rivale & l'ingrat qui m'offense ;
Viens au gré de ma haîne, empoisonner leurs jours.
(*On entend un bruit souterrain. Des flammes tom-*
 bent du Ciel, d'autres s'élancent des Enfers.)
Je triomphe, l'enfer à me servir s'apprête.

       (*Avec effroi.*)

Quels gouffres sous mes pieds ! & quels feux sur ma
 tête :

L E *C H Œ U R*, *fous le Théâtre.*

Qu'à notre voix, tout s'écroule en ces lieux ;
Que tout se change en un défert affreux.

(*Le Palais s'abîme : I N o apperçoit des ruines*
 dans les côtés du Théâtre.)

I N O, *effrayée.*

Ah ! trop fatale colere,

           Je

Je pâlis, je frémis.
L'enfer va détruire la terre.

C H Œ U R, sous le Théâtre.

Deffens ton cœur
De la terreur.

I N O tombante avec effroi.

Dieux ! quelle horreur m'environne,
(*Les feux cessent, & l'obscurité succéde.*)
O fureurs !
Dieux vengeurs !
O Dieux ! la force m'abandonne.

LE *C H Œ U R.*

Deffens ton cœur
De la terreur.

I N O , revenant à elle.
Viens foutenir mon cœur,
O puissant enchanteur !
Viens me rendre ma fureur.

LE *C H Œ U R.*

Deffens ton cœur,
De la terreur,
Nous allons fervir ta fureur.

(*ELPHENOR paroît fortant des enfers au milieu
des flâmes, & au bruit du tonnerre.*)

D

E L P H E N O R.

Grande Reine ordonnez ; dans les profonds abîmes
Nous allons à l'inftant entraîner vos victimes :
    Pour fervir vos reffentimens,
    Nos fureurs font trop légitimes ;
Arfame va périr dans de cruels tourmens.

I N O.

Arrête !.. ah ! prends pitié du trouble de mon ame;
    Sufpends, fufpends tes terribles fecours,
    Ou du moins épargne les jours
    De l'ingrat du perfide Arfame :
Des enfers déchaînés, épuife le courroux
    Sur la rivale qui m'offenfe ;
    Je l'abandonne à ta vengeance,
Laiffe fur elle feule appéfantir tes coups.

E L P H E N O R.

De mon zèle en ce jour, vous devez tout attendre.
    O vous ! que le Ciel fait dépendre
    Et de mon art, & de mes loix,
Efprits, Démons, accourez à ma voix.

E L P H E N O R ET *LE CHŒUR.*

(*Pendant qu'*ELPHENOR *invoque les Enfers, plu-*
fieurs Démons en fortent & fe rangent autour de
lui ; le Théâtre devient plus obfcur.)

Qu'à nos cris la terre frémiffe,
Portons l'effroi dans tous les cœurs,
Qu'à nos voix l'Enfer obéiffe,
Et rempliffe ces lieux d'horreurs.

(*L'obfcurité devient générale, & l'on n'apperçoit*
plus de clarté, que celle que procure le feu for-
tant des Enfers.)

Nuit, effrayante nuit, viens fur le char des ombres;
Étends fur l'Univers tes voiles les plus fombres :
   Que tout fe taife, & qu'un filence affreux
     Regne dans toute la Nature ;
Nos voix perceront mieux jufqu'en la nuit obfcure
     Du féjour ténébreux.

(*Plufieurs Démons fe précipitent dans les Enfers,*
& reparoiffent accompagnés de la Vengeance te-
nant une urne de laquelle ELPHENOR *tire plu-*
fieurs chiffres hiérogliphiques, les raffemble, &
il dit, en les examinant ;)

Mais que vois-je ? eft-ce un Dieu qui nous livre la
   guerre ?
Je ne me trompe pas ; une invifible main
Protége la coupable... elle fe flatte envain ;
Les flots nous ferviront au deffaut du tonnerre :
Deja les vents fougueux font retentir les airs ;
D ij

Une tempête horrible
Trouble le fein des Mers,
Et fur leurs gouffres entrouverts,
Je vois votre rivale en ce moment terrible;
Victime abandonnée à la fureur des flots...
Triomphez... elle eſt prête à périr fous les eaux.

INO, ELPHÉNOR & LE CHŒUR.

Hâtons le fort que le Ciel lui prépare,
Des Dieux trop lents, précipitons les coups:
Non, ce n'eſt point être barbare,
Que d'avancer l'effet de leur juſte courroux.

ELPHÉNOR.

Mais je prévois que dans ces lieux
Votre rivale va fe rendre,
Pour faire réuſſir ce que j'ofe entreprendre,
Vous devez éviter de paroître à fes yeux.

SCÈNE V.

ELPHENOR, HELLÉ

HELLÉ, fans voir ELPHENOR.

Fille du Ciel, douce efpérance,
Des malheureux vous êtes le recours;

Pour calmer mon impatience,
J'ai besoin de votre secours;
Défendez l'amant que j'adore
De mes soupçons injurieux;
Laissez-moi me flater encore,
Qu'il brûle de ses premiers feux.

Fille du Ciel, &c.

J'apperçois Elphenor, & puisqu'il se présente,
  Sur mon amour je vais l'interroger.
Devois-je craindre hélas! qu'Arsame pût changer;
  Mais que ne craint pas une amante!
Allons: je veux m'éclairer sur mon sort;
Dieux quel pressentiment!... je tremble à son abord.

(à *ELPHENOR.*)

  Vous, dont l'art puissant & terrible
Pénétre du destin les éternels décrets,
  Daignez d'une amante sensible,
  Dissiper les troubles secrets:
  Je crains qu'Arsame ne préfere
Le vain éclat du thrône, aux sermens qu'il m'a faits;
  L'offre d'un sceptre à de quoi plaire.
  Hélas! je crains que mon amant...

ELPHENOR.

Ah! votre crainte n'est point vaine;

Arfame vous trahit, il adore la Reine.
   A fes genoux en ce moment
   Il lui fait le ferment
   D'une éternelle tendreffe.

H E L L É.

Qu'ai-je entendu ? quel coups de foudre ! ô Dieux !
Mais puis-je vous en croire ?

E L P H E N O R.

           Ah croyez-en vos yeux,
Et ce cri, qui du peuple annonce l'allégreffe.

(*Le fond du Théâtre s'ouvre, & l'on apperçoit dans l'éloignement deux Démons fous la figure d'Arsame & d'Ino, vis-à-vis un Autel. Le Peuple eft rangé autour d'eux, & chante ce Chœur.*)

LE C H Œ U R.

Vive à jamais, vive le fouverain,
   Que Jupiter dans fa clémence
   Accorde à fon peuple Thebain :
Élevons jufqu'aux Cieux notre reconnoiffance.

(*Hellé veut s'avancer vers le Temple qu'elle apperçoit, & dans l'inftant le fond du Théâtre fe referme.*)

HELLÉ.

Tout difparoît ; quel eft ce preftige impofteur ?
  De cette illufion , ferois-je la victime ?
Non , mon amant n'eft pas fait pour le crime ;
Non , mes yeux m'abufoient, je n'en crois que mon
    cœur.
Pardonnez , mais je doute encor de mon malheur ,
Ne pourrais - je revoir cette fête terrible...

ELPHENOR.

Que me demandez-vous ?

HELLÉ.

          Je fçais que ma douleur
  N'en deviendra que plus horrible ;
Mais ce fpectacle au moins chaffera de mon cœur
L'ingrat qui me trahit.. ah ! trop coupable Arfame ,
Je n'avois jamais craint de te trouver trompeur.
De grace répondez au défir de mon ame.

ELPHÉNOR.

  Oui j'y confens , mais apprenez
Sous quelles loix je puis remplir votre efpérance :
Quelques foient les tourmens qui vous font deftinez ,
Le deftin vous impofe un abfolu filence ;
    Si d'un feul mot , fi d'un foûpir
    Vous trahiffez ce terrible myftere ,
Frémiffez , les Enfers s'arment pour vous punir ,

Et tout mon art ne pourra vous fouftraire
Aux effroyables maux qu'il vous faudra fouffrir.

HELLÉ.

Je vous promets de me contraindre,
Je remplirai l'ordre des Cieux.
Et que me refte-il à craindre :
Eft-il de maux plus rigoureux,
Que ceux que je reffens en ces momens affreux !

ELPHENOR.

Eh bien, de leurs tranfports, de leur tendreffe extrême,
Vous allez être le témoin ;
Mais obfervez-vous avec foin :
Telle eft du Ciel la volonté fuprême.

(*Le Théâtre repréfente un Bocage. Les deux mêmes Démons , toujours fous la figure d'Ino & d'Arsame, font affis à côté l'un de l'autre. Des Bergers les entourent & forment des danfes.*)

HELLÉ.

Je le vois, c'eft l'ingrat que j'aime. (*On danfe.*)

CHŒUR de BERGERS.

C'eft ici le féjour
Du doux repos & du tendre amour.

Bergers aimez tous en ce jour,
Vous jouiffés d'un bien fuprême,
Puifque la paix eft de retour.
Tout dit ici que l'on eft heureux quand on aime.

FIN DU SECOND ACTE.

ACTE TROISIEME.

SCÊNE PREMIERE.

HELLÉ, feule.

Dieux qu'ai-je vû ! non, il n'eft pas poffible :
Non, le héros qu'avoit choifi mon cœur,
Arfame,... qui devoit faire tout mon bonheur,
Pour une autre que moi ne peut être fenfible.
Que dis-je hélas ! d'un œil trop curieux
Aux genoux de mon ennemie,
N'ai-je pas vû l'ingrat qui m'a trahie ?
N'ai-je pas vû leurs tranfports odieux ?
N'ai-je pas lû dans leurs perfides yeux

E

Leur crime, leur amour, le malheur de ma vie!
Ah! pour jamais, abandonnons ces lieux.

A I R.

Loin d'ici je pourrai peut-être
Oublier l'ingrat à mon tour;
Il ne pourra du moins connoître,
Quel eft l'excès de mon amour.

SCENE II.

HELLÉ & NEPTUNE *fous la figure*
d'Arsame.

ARSAME.

JE vous revois enfin, adorable Princeſſe,
Je vous revois pour ne plus vous quitter.
Le plus beau thrône de la Grece,
La gloire, les honneurs, rien ne peut me tenter.
Oui, c'eſt envain que tout conſpire
A m'aſſurer le plus brillant deſtin,
Dans l'Univers entier, rien ne peut me ſéduire
Que votre cœur & votre main.

HELLE.

Eh! quoi, loin de rougir de votre perfidie,
A ma douleur encor vous oſez inſulter?

ARSAME.

O Dieux !

HELLÉ.

Ne croyez pas qu'outragée & trahie
A des reproches vains, je me laiſſe emporter.

E ij

DUO DIALOGUÉ.

HELLÉ.

Vivez heureux, si votre ardeur nouvelle
Doit affurer votre bonheur :
Victime hélas ! de mon erreur,
Loin de vous, je mourrai fidelle.

ARSAME.

Ah ! demeurez : non, je ne puis cruelle
Recevoir ces triftes adieux ;
Devant vous j'attefte les Dieux,
Arfame n'eft point infidèle.

DUO.

HELLÉ.	ARSAME.
D.eux témoíns comme moi de la fète cruelle	Dieux garans comme moi de mon ardeur fidelle,
Dont l'afpect enflamma mon défefpoir jaloux,	Diffipez fes foupçons & fes tranfports jaloux.
Contre fon ardeur criminelle	Pour prix d'une flamme fi belle,
Je reclame votre courroux.	Calmez une amante en courroux.

HELLÉ.

Que fais-je, ah ! malgré-moi je fuis fenfible encore
A cet amour que vous voulez trahir.

ARSAME.

De ma fidélité, pourquoi douter encore ?
Jamais mon cœur ne pourra vous trahir.

ENSEMBLE.

<table>
<tr><td>HELLÉ.</td><td>ARSAME.</td></tr>
<tr><td>Ah ! quel tourment,</td><td>Ah ! quel tourment,</td></tr>
<tr><td>Perfide Arfame,</td><td>Calmez votre ame,</td></tr>
<tr><td>Non, non, mon ame</td><td>Non, non, Arfame</td></tr>
<tr><td>Brûle pour un inconftant.</td><td>Ne fauroit être inconftant.</td></tr>
</table>

HELLÉ.

A ma douleur laiffez-moi me fouftraire,
A jamais je dois vous fuir.

ARSAME.

Me fuir. Ciel !… j'entrevois un horrible myftere :
Je frémis d'y penfer, & je cours m'éclaircir.

(Il fort.)

SCÊNE III.

HELLÉ.

(*CHŒUR derriere le Théâtre.*)

LE *CHŒUR.*

L A Mer est calme & tranquille,
Les Aquilons fougueux respectent son repos :
　　Zéphir seul, regne sur les eaux,
　　Et nous offre un trajet facile.

HELLÉ.

J'entends, il faut quitter à jamais ce séjour ;
Que ne puis-je y laisser un malheureux amour.

(*Le Théâtre représente une Plage*, *on y voit des Vaisseaux.* HELLÉ *suivie d'*IPHISE, *monte sur un de ces Vaisseaux qui s'éloigne insensiblement.*)

Reprise du CHŒUR.

La Mer est calme & tranquille,
Les Aquilons fougueux respectent son repos :
　　Zéphir seul, regne sur les eaux,
　　Et nous offre un trajet facile.

SCÊNE IV.

ELPHÉNOR, INO.

ELPHÉNOR.

JE vous l'avois promis : votre Rivale
Vous délivre en fuyant d'une crainte fatale.

INO.

Non, mon cœur, Elphénor,
N'eſt point tranquille encor;
Je tremble tant qu'Hellé reſpire,
Sa mort ſeule peut me ſuffire.

ELPHÉNOR.

Il faut de votre cœur aſſurer le repos;
Je l'ai promis, je ne puis m'en dédire.

Eſprit ſoumis à mon empire,
Hâtez-vous, ſoulevez les flots,
Ino le veut, c'eſt à vous d'y ſouſcrire;
La mort ſeule d'Hellé peut terminer ſes maux,
Servez la fureur qui l'inſpire.

(*ELPHENOR s'en va.*)

LE CHŒUR.

Hâtons-nous, foulevons les flots,
Ino le veut, fervons la fureur qui l'infpire :
La mort feule d'Hellé peut terminer fes maux,
Servons la fureur qui l'infpire.

(*La Mer s'agite.*)

INO.

Ah ! ma vengeance enfin a commencé ;
Meurs téméraire rivale,
Vas, dans la nuit infernalle,
Porter ton amour infenfé.

(*La tempête augmente.*)

CHŒUR de Matelots.

Quelle rage ! quelle fureur,
Rien ne peut nous défendre.

INO.

Que ces cris plaifent à mon cœur,
Que j'aime à les entendre !

INO.	CHŒUR de Matelots.
Oui, périffez tous,	Nous périffons tous.
L'ardeur qui m'anime	Sort qui nous opprime,
Hâteroit les coups,	Modere tes coups.
Qui vous plongent tous.	Grands Dieux fauvez-nous.
Au fond de l'abîme,	Au fond de l'abîme
Oui, périffez tous.	Nous périffons tous.

Oui, périffez tous, &c.

INO.

I N O feule.

Les vents mugiffent,
Les ondes en courroux
S'élevent & frémiffent ;
Que les Mers engloutiffent
L'objet de mes tranfports jaloux.

LE *CHŒUR.*

Nous périffons tous, *&c.*

SCÊNE V.

NEPTUNE *sous la figure d'*ARSAME*,* INO.

ARSAME.

Qu'entends-je ! quel affreux orage !
Et quel pouvoir audacieux !...

INO.

Reconnois les fureurs de l'amour qu'on outrage,
Hellé va périr.

ARSAME.

Ciel !

CHŒUR *derriere le Théâtre.*

Sauvez Hellé, grands Dieux !

ARSAME.

Hellé ! qu'entends-je ? ô Ciel ! ceffez vents furieux.
(*La tempête s'appaife.*)

INO.

Sa mort enfin rend le calme à mon ame.

ARSAME.

C'eft à toi feule de mourir,
Et périffe avec toi ta criminelle flamme.:

Connois Neptune dans Arfame,
Rien ne peut plus te fecourir.

I N O.

C'en eft fait, & je céde au deftin qui m'opprime;
Je fens que les Enfers demandent leur victime.
Vous témoins de mes maux, apprenez en ce jour
Qu'il faut braver la mort, & redouter l'amour.

(*Elle fe tue, on l'emmene.*)

A R S A M E.

Divinités des Ondes,
Reconnoiffez ma voix;
Quittez vos retraites profondes,
Et conduifez ici l'objet dont j'ai fait choix.

SCÊNE VI.

Le Char de NEPTUNE *fort du fein des eaux,
portant* HELLÉ *& fa Suite.*

HELLÉ *évanouie, & fans connoiffance.*

IPHISE.

HELLÉ revenant à elle.

RÉCITATIF OBLIGÉ.

OU fommes nous ? quelle main fecourable
Vient de nous arracher à cet orage affreux !
Je renais, je vois luire un jour plus favorable ;
Amour, fans tes rigueurs j'en rendrois grace aux
  Dieux,

SCÊNE DERNIERE.

HELLÉ, NEPTUNE.

Le Théâtre change , & repréſente le Palais de NEPTUNE.

LES DIEUX DE LA COUR DE NEPTUNE.

MARCHE.

LE *CHŒUR.*

REndons hommage à notre Souveraine,
Célébrons ſes attraits vainqueurs.
Ah ! qu'il eſt doux d'avoir pour Reine
L'objet qui charme tous les cœurs.

HELLÉ reconnoiſſant ARSAME.

Que vois-je ! eſt-ce une erreur ? en croirai-je mes
yeux.
NEPTUNE.

Vous voyez, chere Hellé, dans un amant fidèle,
Le frere du maître des Dieux.

H E L L É,

Cher Arfame ! eſt - ce vous, ô jour, ô jour heureux !
Quoi ! vous ne brillez pas d'une flamme nouvelle !

E N S E M B L E.

Je ne puis adorer que vous,
Régnez à jamais ſur mon ame :
Ah ! que mon bonheur ſera doux,
S'il eſt auſſi pûr que ma flamme.

N E P T U N E.

Ces Mers dont vous venez d'éprouver la fureur,
Porteront votre nom, & feront votre empire.

H E L L É.

Que m'offrez - vous ? je ne déſire
Que l'empire de votre cœur.

N E P T U N E.

De mon amour ces biens feront le gage ;
Mais daignez recevoir l'hommage
De ces Dieux charmés de mon choix.

LE ***CHŒUR.***

Chantons l'amour, chantons ſa gloire,
Qu'il regne ſur nos cœurs ; qu'il triomphe en tous
  lieux :
  Applaudiſſons à la victoire,
Que vient de remporter le plus puiſſant des Dieux.

F I N.

APPROBATION.

J'ai lu, par ordre de Monſeigneur le Chancelier, l'Opéra
d'HELLÉ, dont on peut permettre l'impreſſion.
  A Paris, le 28 Décembre 1778.
                              BRET.